Dr. Christian Rauda
Dr. Jochen Zenthöfer

25 Fälle

Verwaltungsrecht
und

Verwaltungsprozessrecht

25 Fälle im Gutachtenstil

Im Gegensatz zu anderen Fallbüchern, deren Lösungshinweise im Telegrammstil gehalten sind, präsentiert dieses Buch den Stoff genau so, wie er in Klausuren abgeprüft wird: Ausformuliert, strukturiert und im Gutachtenstil.

Diese Fälle sind keine kleinen Mini-„Standardfällchen", die zu einfach sind für eine Klausur. Bei uns finden Sie, was tatsächlich ein einer Klausur geprüft wird.

Weitere Unterlagen sowie den kostenfreien Online-Klausurenkurs mit weiteren Fällen finden Sie auf unserer Facebook-Seite „**Kostenloser Klausurenkurs von Rauda/Zenthöfer**".

Wir wünschen unseren Lesern bei allen Klausuren viel Erfolg. Wie stets erbitten wir Kritik und Anregungen an **autoren@rauda-zenthoefer.de**

Dr. Christian Rauda   *Dr. Jochen Zenthöfer*

Dr. Christian Rauda ist Rechtsanwalt in Hamburg. **Dr. Jochen Zenthöfer** ist Journalist in Luxemburg. Beide Autoren haben Prädikatsexamina.

COPYRIGHT: Richter-Verlag
Hans-Peter Richter
Paul-Schroeder-Straße 18
24229 Dänischenhagen
Tel. 04349-1725
Fax 04349-571
Email: RICHTER-VERLAG@t-online.de
www.Richter-Verlag.de

Weitere Bücher dieser Reihe sind erhältlich über den Buchhandel oder direkt vom Verlag.

3. Auflage 2015

ISBN 978-3-935150-61-3

25 Fälle zum Verwaltungsrecht

Klausur		Seite
	– Schwerpunkt: Widerspruchsverfahren –	1
01 / 02	**Widerspruchsverfahren**	3
	Verkehrszeichen als Verwaltungsakt, Allgemeinverfügung	
	– Schwerpunkt: Verwaltungsprozessrecht – (Schemata: Seiten 7, 56, 77)	7
03	**Anfechtungsklage I**	11
	Anfechtung von Nebenbestimmungen, unbestimmter Rechtsbegriff	
04	**Anfechtungsklage II**	21
	Verwaltungsakt, Dauerrechtsverhältnis, 3-Stufen-Theorie bei Art. 12	
05	**Anfechtungsklage III**	27
	Fristprobleme, Anhörung und Heilung, Nachschieben von Gründen	
06	**Anfechtungsklage IV**	35
	Unbestimmter Rechtsbegriff „Unzuverlässigkeit", reformatio in peius	
07	**Anfechtungsklage V**	45
	Statusverhältnis, Gesetzesvorbehalt, Ermessen, Reduktion auf Null	
08	**Anfechtungsklage VI**	53
	Öffentliches Sachenrecht, Folgenbeseitigungsanspruch	
09	**Verpflichtungsklage I**	60
	Einfacher Einführungsfall mit Untätigkeit der Behörde (§ 75 VwGO)	
10	**Verpflichtungsklage II**	64
	Öffentlich-rechtlicher Vertrag, Bezüge zum Baurecht	
11	**Verpflichtungsklage III**	72
	Wiederaufnahme eines Verfahrens (§ 51 VwVfG), Rücknahme VA	

12 Allgemeine Leistungsklage I 80

Zwei-Stufen-Theorie, öffentliche Einrichtungen, Widmungszweck

13 Allgemeine Leistungsklage II 84

Klausurrelevante Probleme beim Folgenbeseitigungsanspruch

14 Fortsetzungsfeststellungsklage 88

Wiederholungsgefahr, Ermessensprobleme, Versammlungsrecht

15 Normenkontrollantrag 96

Probleme des Verfahrens nach § 47 VwGO, Bezüge zum Baurecht

Schemata zum Einstweiligen Rechtsschutz 99

16 - 18 Antrag nach § 80 V 103

Einfache Grundfälle zum einstweiligen Rechtsschutz nach § 80 V

19 Antrag nach § 80 V 107

Zwei-Stufen-Theorie, Anhörung / Heilung, Ermessen, Fehler

20 Antrag nach § 123 114

Grundfall, unbestimmter Rechtsbegriff, Beurteilungsspielraum

21 Antrag nach § 123 120

Probleme des § 44 a VwGO, Akteneinsicht im Verwaltungsverfahren

Verwaltungsrecht AT (nur materielles Recht) 124

22 Staatshaftungsrecht 124

Examensrelevante Probleme zu Amtshaftung und Enteignung

23 Ermessen 127

Klausurfall zu allen typischen Ermessensfehlern und -problemen

24 Rücknahme und Widerruf 131

Probleme zu Rücknahme und Widerruf von Verwaltungsakten

25 Verwaltungsrechtsweg 135

Öffentliche und staatliche Gewalt, Kirchen und Verwaltungsrecht

Widerspruchsverfahren

Hinweis:

Das Widerspruchsverfahren, auch Vorverfahren genannt, ist in einigen Bundesländern ausgesetzt oder (für einzelne oder alle Rechtsgebiete) abgeschafft. Dies betrifft vor allem **Bayern, Nordrhein-Westfalen, Hessen** und **Niedersachsen.** Am kompliziertesten ist das Widerspruchsrecht in Rheinland-Pfalz, beachten Sie Hinweise Ihrer Dozenten!

Beachten Sie: In vielen Bundesländern gelten zudem besondere Regelungen in speziellen Rechtsgebieten wie dem Sozial-, Schul- oder Prüfungsrecht. Dies ist selten relevant, und falls doch, werden diese Normen unter dem Sachverhalt abgedruckt.

Ziele: 1. Selbstkontrolle der Verwaltung, 2. Entlastung der Verwaltungsgerichte, 3. Rechtsschutz des Betroffenen, da a) hier noch mal Recht- *und* Zweckmäßigkeit überprüft wird, b) meist eine höhere Behörde über den Widerspruch entscheidet (Devolutiveffekt), c) durch den Widerspruch der VA in seiner Vollziehung gehemmt ist (Suspensiveffekt), d) der Bürger ein geringeres Kostenrisiko als beim Prozess hat.

I. Zulässigkeit

1. Zulässigkeit des Verwaltungsrechtsweges (§ 40 I 1 VwGO analog)

2. Statthaftigkeit des Widerspruchs

Gemäß § 68 I, II VwGO ist ein Widerspruch grundsätzlich vor Anfechtungs- und Verpflichtungsklagen notwendig. Ausnahmen siehe § 68 I 2 VwGO.

→ Im Beamtenrecht ist immer ein Widerspruch notwendig, § 126 III BRRG; ebenso im Richterrecht (§§ 46, 71 III DRiG).

→ Für das Erfordernis eines Widerspruchs bei der Fortsetzungsfeststellungsklage siehe dort.

3. Zuständige Widerspruchsbehörde (§ 70 I VwGO)

4. Beteiligtenfähigkeit (§§ 79, 11 VwVfG)

Die Beteiligtenfähigkeit richtet sich nicht nach § 61 VwGO, da keine Klage!

5. Widerspruchsbefugnis (§ 42 analog VwGO; arg. § 70 I 1 VwGO)

Der Widerspruchsführer muss Beschwerter im Sinne des § 70 I 1 VwGO sein. Beschwerter ist, wer <u>möglicherweise</u> durch die unrecht- oder unzweckmäßige Anwendung einer drittschützenden Norm durch die Behörde in einem eigenen subjektiven Recht verletzt ist (§ 42 analog VwGO).

6. Form und Frist (§ 70 I 1 VwGO)

Die Form- und Fristerfordernisse richten sich nach § 70 I 1 VwGO. Bei fehlender Rechtsbehelfsbelehrung verlängert sich die Frist auf ein Jahr, §§ 70 II i.V.m 58 II VwGO. Der Fristbeginn berechnet sich nach § 41 VwVfG (Bekanntgabe des VA).

7. Widerspruchsinteresse (selten problematisch)

II. Begründetheit

a) **Anfechtungswiderspruch**, also Widerspruch vor Anfechtungsklage: Der Widerspruch ist begründet, soweit der angegriffene VA rechtswidrig oder unzweckmäßig ist und der Widerspruchsführer dadurch in einem subjektiven Recht verletzt worden ist (§ 113 I 1 analog VwGO).	b) **Versagungsgegenwiderspruch**, also Widerspruch vor Verpflichtungsklage (genauer: Versagungsgegenklage). Hier kommt es darauf an, ob **(1)** ein bestimmter VA begehrt wird (analog § 113 V 1 VwGO) oder ob **(2)** eine fehlerfreie neue Ermessensentscheidung begehrt wird (§ 113 V 2 analog VwGO). Bei (1) ist der Widerspruch begründet, wenn ein Anspruch auf den begehrten VA besteht. Bei (2) ist der Widerspruch begründet, wenn die Ablehnung des VAes rechtswidrig oder unzweckmäßig ist und der Widerspruchsführer dadurch in seinen Rechten verletzt ist.
Aufbau: 1. Ermächtigungsgrundlage 2. Formelle Rechtmäßigkeit des Ausgangsbescheides 3. Materielle Rechtmäßigkeit des Ausgangsbescheides	**Aufbau zu (1)** § 113 V 1 analog VwGO: 1. Benennung der Anspruchsgrundlage 2. Formelle Voraussetzungen (insbesondere Antrag. Achtung: Die formelle Rechtmäßigkeit des Ausgangsbescheides wird NICHT geprüft 3. Materielle Voraussetzungen (der Anspruchsgrundlage) **Aufbau zu (2)** § 113 V 2 analog VwGO: 1. Benennung der Anspruchsgrundlage 2. Formelle Rechtmäßigkeit des Ausgangsbescheides 3. Materielle Rechtmäßigkeit des Ausgangsbescheides

VA: Verwaltungsakt (Abkürzung wird in allen Schemata verwendet).

Sachverhalt

A wohnt in der Altstadt von Heidelberg. Sein Auto stellt er stets auf der Straße vor seinem Haus ab. Während seines achtwöchigen Abenteuerurlaubs in Australien leiht er seinem Bruder aus Mannheim das Auto. Am 1. September stellt A nach der Rückkehr aus seinem Urlaub fest, dass die Stadt Heidelberg während seiner Abwesenheit ein Halteverbotsschild aufgestellt hat, das das Halten und Parken in der Straße des A verbietet. Rückfragen bei seinen Nachbarn ergeben, dass das Schild Mitte Juli aufgestellt wurde. A weiß nun nicht, wo er seinen Wagen abstellen soll. Er versteht nicht, warum das Schild aufgestellt wurde und legt bei der zuständigen Behörde am 20. September Widerspruch gegen das Halteverbotsschild ein.

Sein Bruder, der Jura studiert, erklärt ihm, dass der Widerspruch aufschiebende Wirkung habe und A daher bis zur Entscheidung über den Widerspruch getrost weiter in der Straße parken dürfe.

Fall 1: Ist der Widerspruch des A zulässig?
Fall 2: Hat der Widerspruch aufschiebende Wirkung? Was ist A zu raten?

Hinweis: In Baden-Württemberg ist das Widerspruchsverfahren <u>nicht</u> abgeschafft.

Lösung / Fall 1:

Der Widerspruch ist zulässig, wenn die Sachentscheidungsvoraussetzungen vorliegen.

1. Verwaltungsrechtsweg[1]

Zunächst muss der Verwaltungsrechtsweg eröffnet sein. Dies richtet sich nach § 68 I, II sowie § 40 I 1 analog VwGO. Erforderlich ist, dass eine öffentlich-rechtliche Streitigkeit nichtverfassungrechtlicher Art vorliegt. Eine Streitigkeit ist öffentlich-rechtlich, wenn die streitentscheidenden Normen öffentlich-rechtlicher Natur sind. Eine Norm ist öffentlich-rechtlich, wenn sie einen Träger öffentlicher Gewalt berechtigt oder verpflichtet. Im vorliegenden Fall entstammen die streitentscheidenden Normen dem **Straßenverkehrsrecht**. Dabei handelt es sich um ein klassisches Gebiet des Eingriffsrechts. Die streitentscheidenden Normen der §§ 6 I StVG, 45, 39, 41 II Nr. 8 StVO berechtigen die

---

[1] Dieser Punkt ist in Klausuren regelmäßig sehr kurz abzuhandeln. In den ersten Fällen dieses Buches stellen wir, zur Übung, die Langversion vor. Doch es gilt: Hier holt man keine Punkte!

Straßenverkehrsbehörden als Hoheitsträger zur Aufstellung von Verkehrszeichen.[2] Daher ist eine öffentlich-rechtliche Streitigkeit gegeben. Es streiten auch nicht zwei Verfassungsorgane um spezifisches Verfassungsrecht, weswegen keine verfassungsrechtliche Streitigkeit vorliegt (keine doppelte Verfassungsunmittelbarkeit). Ferner ist keine abdrängende Sonderzuweisung ersichtlich. Folglich ist der Verwaltungsrechtsweg nach § 68 I, II sowie § 40 I 1 analog VwGO eröffnet.

2. Statthaftigkeit des Widerspruchs

Der Widerspruch ist nach § 68 I, II VwGO statthaft, wenn der Widerspruchsführer die Aufhebung eines Verwaltungsaktes begehrt (Anfechtungswiderspruch) oder wenn er den Erlass eines zuvor abgelehnten Verwaltungsakts erreichen möchte (Verpflichtungswiderspruch).

A begehrt keinen Verwaltungsakt, sondern will sich gegen eine Maßnahme der Stadt wenden. Es kommt ein **Anfechtungswiderspruch** in Betracht. Ein Anfechtungswiderspruch ist nur statthaft, wenn es sich bei der angegriffenen Maßnahme, also dem Aufstellen des Verkehrszeichens, um einen Verwaltungsakt i.S.d. § 35 VwVfG handelt. Ein Verwaltungsakt ist eine hoheitliche Maßnahme einer Behörde auf dem Gebiet des öffentlichen Rechts zur Regelung eines Einzelfalls mit Außenwirkung.

Das Aufstellen des Verkehrszeichens stellt einen Realakt dar. Man muss daher auf die dem Verkehrszeichen **zu entnehmende Anordnung des Halteverbots** abstellen. Die Anordnung des Halteverbotes wurde von der Straßenverkehrsbehörde, einer Behörde im Sinne des § 1 IV VwVfG, zur Regelung des Verkehrs vorgenommen. Die Anordnung entfaltet auch Wirkung nach außen. Fraglich ist allerdings, ob die durch das Verkehrszeichen getroffene Anordnung einen Einzelfall regelt. Die Regelung des Halteverbots **könnte auch eine Rechtsverordnung** darstellen. Diese Rechtsverordnung müsste nach § 47 VwGO angegriffen werden. Ein Widerspruch gegen eine Rechtsverordnung ist nicht statthaft.

Verkehrszeichen betreffen eine konkrete örtliche Situation und haben eine bestimmte Verkehrsregelung zum Inhalt. Das Verkehrsschild steht stellvertretend für einen Polizeibeamten, der eine inhaltlich gleichlautende Verfügung erlässt. Das Schild gilt aufgrund seiner dauerhaften Regelung für

---

[2] Anfänger müssen diese genauen Paragraphen in der Klausur selbstverständlich nicht nennen.

eine Vielzahl von Verkehrssituationen (**abstrakt**) und für einen großen Kreis an Verkehrsteilnehmern. Die Adressaten der Regelung stehen bei Errichtung des Verkehrszeichens nicht fest. Dies spricht dafür, dass es sich bei dem Verkehrszeichen um eine **abstrakt-generelle** Regelung und damit um eine Rechtsverordnung handelt.

Dagegen lässt sich einwenden, dass ein Verkehrszeichen auch ein Verwaltungsakt in Form einer **Allgemeinverfügung im Sinne des § 35 S. 2 VwVfG** darstellen könnte. Eine Allgemeinverfügung richtet sich nicht an eine bestimmte Person. Es reicht vielmehr aus, dass sich die Regelung an einen nach allgemeinen Merkmalen bestimmten oder bestimmbaren Personenkreis richtet. Der Kreis der Adressaten ist nicht unbestimmt, sondern bestimmbar: Jeder, der an dem Verkehrszeichen vorbeifährt, muss sich an die Regelung halten. Es handelt sich daher um eine benutzungsregelnde Allgemeinverfügung gemäß § 35 S. 2 Var.3 VwVfG. Diese Allgemeinverfügung hat auch Verwaltungsaktsqualität. Folglich richtet sich der Widerspruch des A gegen einen belastenden Verwaltungsakt.

Der Anfechtungswiderspruch ist daher nach § 68 I VwGO statthaft.

3. Widerspruchsbefugnis

Nach § 42 II VwGO analog müsste A eine Verletzung in eigenen Rechten geltend machen. Dies bedeutet, dass eine Verletzung in eigenen Rechten zumindest als möglich, das heißt, als nicht von vornherein ausgeschlossen erscheint. Jedem Bürger kommt aus Art. 2 I GG das Recht zu, nicht mit einer rechtswidrigen staatlichen Maßnahme belastet zu werden. Wenn sich A in den Verkehrsraum seiner Straße hineinbewegt, muss er sich an das Halteverbotsschild halten. Er ist damit Adressat einer belastenden Regelung. Es erscheint zumindest eine Verletzung des Grundrechts aus Art. 2 I GG nicht von vornherein ausgeschlossen. A ist mithin auch widerspruchsbefugt.

4. Beteiligtenfähigkeit

Als natürliche Person ist A nach §§ 79, 11 Nr.1 Var. 1 VwVfG beteiligtenfähig. Er ist auch nach §§ 79, 12 I Nr.1 VwVfG zur Vornahme von Verfahrenshandlungen fähig.

5. Form: Die Schriftform des § 70 I 1 VwGO wurde eingehalten.

6. Widerspruchsfrist

A müsste die Widerspruchsfrist des § 70 I 1 VwGO eingehalten haben. Danach kann der Widerspruch nicht unbefristet, sondern nur innerhalb eines Monats nach Bekanntgabe des Verwaltungsakts erhoben werden. Zunächst ist zu ermitteln, wann die Widerspruchsfrist zu laufen begann.

Dazu muss man ermitteln, wann der Verwaltungsakt bekannt gegeben wurde. Das Halteverbot wird bekannt gegeben, wenn sich der Autofahrer im Wirkungskreis des Verkehrszeichens befindet (§§ 39, 45 IV StVO). **Erforderlich ist die Möglichkeit der Kenntnisnahme mit raschem und flüchtigem Blick.** Sind Verkehrszeichen so aufgestellt oder angebracht, dass sie ein durchschnittlicher Kraftfahrer bei Einhaltung der nach § 1 StVO erforderlichen Sorgfalt schon mit einem raschen und beiläufigen Blick erfassen kann, so äußern sie ihre Rechtswirkung gegenüber jedem von der Regelung betroffenen Verkehrsteilnehmer, gleichgültig, ob er das Verkehrszeichen tatsächlich wahrnimmt oder nicht. Verkehrsteilnehmer ist dabei nicht nur derjenige, der sich im Straßenverkehr bewegt, sondern auch der Halter eines am Straßenrand geparkten Fahrzeuges, solange er noch Inhaber der tatsächlichen Gewalt über das Fahrzeug ist.

 *(handschriftliche Randnotiz: ① Begin d. Frist)*

Fraglich ist, ob bei der Bekanntgabe **auf die Wahrnehmung jedes einzelnen Verkehrteilnehmers** getrennt abzustellen ist, also ob für jeden Verkehrteilnehmer die Frist zu laufen beginnt, wenn er das Schild das erste Mal wahrnimmt oder ob die gleiche Widerspruchsfrist für alle Verkehrsteilnehmer gilt. Man könnte auf die innere Wirksamkeit des Schildes abstellen, indem man vertritt, dass das Schild gegenüber dem einzelnen Verkehrsteilnehmer nur wirksam wird, wenn er es selbst wahrgenommen hat. A hat das Schild am 1. September wahrgenommen. Die Monatfrist läuft bis zum 1. Oktober. A hat seinen Widerspruch innerhalb dieser Frist eingelegt. Danach wäre die Frist des § 70 I 1 VwGO eingehalten.

Früher hätte man hinsichtlich der Bekanntgabe **auch auf das Aufstellen des Schildes abstellen** können. Dies ist nach einer Grundsatzentscheidung des Bundesverwaltungsgerichts vom 23.9.2010 (3 C 32/09 und 3 C 37/09) nicht mehr möglich. Nun ist geklärt: Die Anfechtungsfrist beginnt nicht bereits mit dem Aufstellen des Verkehrszeichens zu laufen, **sondern erst dann, wenn der Verkehrsteilnehmer individuell das Schild zu sehen bekommt.**

7. Widerspruchsgegner

Widerspruchsgegner ist nach § 78 I Nr.1 VwGO analog die Stadt Heidelberg.

Ergebnis: Alle Sachentscheidungsvoraussetzungen liegen vor. Der Widerspruch des A ist daher zulässig.

Fall 2:

Fraglich ist, ob der Widerspruch des A aufschiebende Wirkung hat. Grundsätzlich hat ein Widerspruch nach § 80 I 1 VwGO aufschiebende Wirkung. Etwas anderes könnte sich aus § 80 II VwGO ergeben. Nach § 80 II Nr. 2 VwGO entfällt die aufschiebende Wirkung bei unaufschiebbaren Anordnungen und Maßnahmen von Polizeivollzugsbeamten. Ein Polizeibeamter hat im vorliegenden Fall nicht entschieden. Es ist allerdings eine **analoge Anwendung des § 80 II Nr.2 VwGO** in Betracht zu ziehen.

Erforderlich für eine Analogie sind eine planwidrige Regelungslücke und eine vergleichbare Interessenlage. Eine aufschiebende Wirkung existiert bei Verkehrszeichen nicht. Es handelt sich insofern um eine planwidrige Regelungslücke. Unaufschiebbare Anordnungen und Maßnahmen von Polizeivollzugsbeamten erfüllen die gleiche Funktion wie Verkehrszeichen. Folglich liegt eine **vergleichbare Interessenlage** vor. Daher ist § 80 II Nr.2 VwGO analog auf Verkehrsschilder anwendbar. Dem Widerspruch des A kommt keine aufschiebende Wirkung zu. Bei Nichtbefolgung des Halteverbots muss er mit einem Bußgeld rechnen.

A kann allerdings einen Eilantrag auf Anordnung der aufschiebenden Wirkung nach § 80 V Var. 1 stellen. Nur so kann er im Erfolgsfall seinem Widerspruch aufschiebende Wirkung verschaffen.

7

(Alle §§ solche der VwGO.)

Anfechtungs- klage § 42 I Var. 1	Verpflich- tungsklage § 42 I Var. 2	Allgemeine Leistungsklage vorausgesetzt in §§ 40, 43 II 1	Allgemeine Feststellungs- klage § 43 I	Fortsetzungs- feststellungs- klage § 113 I 4
I. Eröffnung des Verwaltungsrechtsweges (§ 40)				
II. Beteiligten-, Prozess- und Postulationsfähigkeit (§§ 61, 62, 67)				
III. Statthafte Klageart				
Die statthafte Klageart richtet sich nach dem Sachbegehren (§§ 82, 86 III, 88).				
Kläger begehrt Aufhebung eines ihn belastenden, noch nicht erledigten VAes.	Kläger begehrt Erlass eines ihn begünstigenden VAes.	Kläger begehrt Vornahme oder Unterlassen einer Verwaltungs-handlung, die kein VA ist.	Kläger begehrt Feststellung des (Nicht)bestehens eines Rechts-verhältnisses oder Nichtigkeit eines VAes.	Kläger begehrt Feststellung der Rechtswidrigkeit eines bereits erledigten oder, bei Verpflich-tungssituation, eines abgelehnten VAes.
IV. Klagebefugnis				
Der Kläger muss geltend machen, in eigenen Rechten verletzt zu sein (keine Popularklage).				
Adressaten-theorie (§ 42 II)	§ 42 II	§ 42 II analog (hM)	§ 42 II analog (BVerwG)	§ 42 II inzident
V. Weitere Voraussetzungen				
Vorheriges Widerspruchsverfahren (§§ 68 ff.) Beachte § 126 BRRG.		keine	Feststellungs-interesse; Subsidiarität	Fortsetzungs-Feststellungs-interesse
VI. Form (§ 81) und Frist				
1 Monat nach Zustellung des Widerspruchs-bescheides (§§ 74 I, 57 II VwGO, § 222 ZPO, §§ 187 f. BGB).	1 Monat nach Zustellung des Widerspruchs-bescheides. Bei Untätigkeits-klage: keine Frist.	keine Frist	keine Frist	Es müssen die Fristen der ursprünglich erhobenen bzw. zu erhebenden Klage eingehalten sein.
VII. Klagegegner				
§ 78		Sachlicher Streitgegner (§ 78 analog)		
VIII. Allgemeines Rechtsschutzbedürfnis				
Der Kläger kann sein Recht nicht auf andere Weise einfacher bzw. effektiver durchsetzen.				

I. Zulässigkeit

1. Eröffnung des Verwaltungsrechtsweges, § 40 VwGO
(An manchen Universitäten ist dies ein eigener Prüfungspunkt vor der Zulässigkeit.)

2. Statthafte Klageart, (richtet sich nach Klagebegehren: §§ 82, 86 III, 88), § 42 I Var. 1 VwGO
Kläger begehrt die Aufhebung eines ihn belastenden, noch nicht erledigten VA.
- Es muss ein VA gemäß § 35 VwVfG vorliegen.
- Nebenbestimmungen können isoliert angefochten werden.
- Auch nichtige VAe können angefochten werden.

3. Klagebefugnis, § 42 II VwGO
Der Kläger muss geltend machen, in *eigenen* Rechten verletzt zu sein. (Keine Popularklagen, bei denen sich jemand zum Anwalt der Allgemeinheit macht.)
- Wenn VA an Kläger gerichtet ist: Adressatentheorie.
- Wenn VA an Dritten gerichtet ist: Kläger muss geltend machen, in einem subjektiven Recht verletzt zu sein.
Das ist der Fall, wenn Kläger sich auf Rechtsnormen beruft, in denen er möglicherweise gegenwärtig und unmittelbar selbst betroffen ist: Möglichkeitstheorie.

4. Vorheriges Widerspruchsverfahren (§§ 68 ff. VwGO)
Der Kläger muss zuvor form- und fristgerecht Widerspruch eingelegt haben. Ausnahmen in § 68 I 2 VwGO. Nach Zustellung des Widerspruchsbescheides läuft die Klagefrist (unter 6.).

5. Beteiligten-, Prozess- und Postulationsfähigkeit, §§ 61, 62, 67 VwGO

6. Klagefrist (§§ 74, 58 VwGO):
Ein Monat nach Zustellung (§§ 74 I, 54 II VwGO, § 222 ZPO, §§ 187 f. BGB).

7. Klagegegner (§ 78 VwGO)
Klagegegner ist der Bund, das Land oder die Körperschaft, deren Behörde den angefochtenen VA erlassen hat. (Ausnahmen im Landesrecht möglich.)

8. Allgemeines Rechtsschutzbedürfnis

Das Recht kann nicht anderweitig einfacher bzw. effektiver durchgesetzt werden. (regelmäßig nicht zu prüfen!)

II. Begründetheit

Obersatz: Die Klage ist begründet, soweit der angefochtene VA rechtswidrig und der Kläger dadurch in seinen Rechten verletzt ist (§ 113 I 1 VwGO).

1. Benennung der Ermächtigungsgrundlage

- Vorbehalt des Gesetzes: Aufgrund welcher Norm durfte die Behörde handeln?
- Ist diese Norm verfassungsgemäß?

2. Formelle Rechtswidrigkeit des VA [Prüfungsmaßstab: ermächtigende Gesetze, VwVfG]

- Zuständigkeit der Behörde (örtlich, sachlich, instanziell),
- Form (§ 37 II – IV, § 39 VwVfG); grds.: Nichtförmlichkeit, § 10 VwVfG,
- Verfahren (vor allem Anhörung, § 28 VwVfG).

3. Materielle Rechtswidrigkeit des VA

- Ermächtigungsgrundlage erneut benennen.
- Tatbestand: Subsumtion unter den Tatbestand der Ermächtigungsgrundlage.
  Rechtswidrigkeit, wenn nicht alle Tatbestandsvoraussetzungen dieser Ermächtigung vorliegen. Unbestimmte Rechtsbegriffe sind nur eingeschränkt überprüfbar.
- Rechtsfolge: Subsumtion unter die Rechtsfolge. Rechtswidrig, wenn die von der Behörde getroffene Rechtsfolgenanordnung nicht von der Ermächtigungsgrundlage gedeckt sein oder Ermessensausübung (§ 114 S. 1 VwGO) mit Ermessensfehlern.
- Bestimmtheit des VAes nach § 37 I VwVfG.
- Verhältnismäßigkeit der Maßnahme, d.h. erforderlich und angemessen.
- Vorrang des Gesetzes: VA verstößt nicht gegen Grundrechte und EG-Recht.

4. Rechtsverletzung beim Kläger

Gegeben, wenn der Rechtssatz, der gegen den der VA verstößt, (zumindest auch) den Interessen des Klägers zu dienen bestimmt ist.

Rechtsfolge: Aufhebungsurteil des Gerichts

Sachverhalt

In Frankfurt am Main soll auf dem Platz vor dem Rathaus „Römer" ein großes Jazzfestival stattfinden, zu dem 10.000 Besucher erwartet werden. Gastronom G, der ein Reisegewerbe betreibt, beabsichtigt, die Besucher des Festes von einem Zelt aus mit Bier zu versorgen. Er beantragt eine auf die Dauer der Veranstaltung befristete gaststättenrechtliche Erlaubnis nach §§ 2 I i.V. mit § 1 II GastG. Die Erlaubnis wird ihm von der zuständigen Behörde erteilt. Der Bescheid enthält folgende, ohne Anhörung des G verfügte, Bestimmung:

> „... Bei der Abgabe von Getränken sind ausschließlich wieder verwendbare Behältnisse zu verwenden, die mit einem Pfand zu belegen sind. Bei einer Zuwiderhandlung gegen diese Bestimmungen wird ein Zwangsgeld in Höhe von 10.000 Euro angedroht."

Die Bestimmung wird mit dem Umweltschutz durch die Verringerung des Abfallaufkommens begründet. Eine Rechtsbehelfsbelehrung ist beigefügt. G will sich gegen die Verpflichtung zum Einsatz von Mehrweggeschirr zur Wehr setzen. Er legt bei der zuständigen Behörde form- und fristgerecht Widerspruch gegen die belastenden Bestimmungen des Bescheids ein. Dieser Widerspruch wird als unbegründet zurückgewiesen.
Was ist G zu raten?

Hinweis: Es gilt das Gaststättengesetz des Bundes, da die Bundesländer, die seit der Föderalismusreform 2006 eigene Gaststättengesetze erlassen können, dies zum Zeitpunkt der Drucklegung dieses Buches noch nicht getan hatten.

Lösung

G könnte klagen. Eine Klage hätte Erfolg, wenn sie zulässig und begründet ist.

I. Zulässigkeit

Die Klage ist zulässig, wenn alle Sachentscheidungsvoraussetzungen vorliegen.

1. Verwaltungsrechtsweg[3]

Zunächst muss der Verwaltungsrechtsweg eröffnet sein. Mangels einer aufdrängenden Spezialzuweisung bemisst sich die Rechtswegeröffnung nach

---

[3] Dieser Punkt ist in Klausuren regelmäßig sehr kurz abzuhandeln. In den ersten Fällen dieses Buches stellen wir, zur Übung, die Langversion vor. Doch es gilt: Hier holt man keine Punkte!

§ 40 I 1 VwGO. Es muss eine öffentlich-rechtliche Streitigkeit nichtverfassungsrechtlicher Art vorliegen. Eine Streitigkeit ist öffentlich-rechtlich, wenn die streitentscheidenden Normen öffentlich-rechtlicher Natur sind. Eine Norm ist öffentlich-rechtlich, wenn sie einen Träger öffentlicher Gewalt berechtigt oder verpflichtet. Im vorliegenden Fall sind Bestimmungen des **Gaststättengesetzes** die streitentscheidenden Normen. Diese Vorschriften berechtigten Behörden und damit staatliche Stellen zum Einschreiten. Daher ist eine öffentlich-rechtliche Streitigkeit gegeben. Indem auch nicht zwei Verfassungsorgane um spezifisches Verfassungsrecht streiten, liegt keine verfassungsrechtliche Streitigkeit vor (keine doppelte Verfassungsunmittelbarkeit). Ferner ist keine abdrängende Sonderzuweisung an ein anderes Gericht ersichtlich. Daher ist der Verwaltungsrechtsweg nach § 40 I 1 VwGO eröffnet.

2. Statthafte Klageart

Die statthafte Klageart richtet sich nach dem Klagebegehren, wie es sich nach verständiger Würdigung der Sach- und Rechtslage darstellt, vgl. §§ 82, 86 III, 88 VwGO. G begehrt eine uneingeschränkte Gaststättenerlaubnis. G muss versuchen, das für ihn belastende Verbot der Verwendung von Einweggeschirr aus der Welt zu schaffen. Dazu kommt eine **Anfechtungsklage** in Betracht, die auf eine isolierte Aufhebung des Einwegverbots gerichtet ist. Denkbar ist aber auch eine **Verpflichtungsklage**, gerichtet auf die uneingeschränkte Erteilung der Gaststättenerlaubnis.

① teil-
weise
Anfech-
tung

Günstiger wäre für G eine **isolierte Anfechtung des Einwegverbots**, da in diesem Fall die Erhebung der Anfechtungsklage hinsichtlich des Einwegverbots eine aufschiebende Wirkung nach § 80 I 1 VwGO entfalten würde. G könnte daher die übrige Gaststättenerlaubnis schon ausnutzen.

Wann eine solche sog. „isolierte Anfechtungsklage" möglich ist, ist umstritten.

a) Zunächst ist es notwendig zu prüfen, ob überhaupt eine **Nebenbestimmung und nicht etwa eine Inhaltsbestimmung oder eine modifizierende Auflage** vorliegt.

aa) Bei einer **Inhaltsbestimmung** wird die Reichweite einer Regelung bestimmt. Dabei wird der Rahmen des beantragten Verwaltungsaktes nicht überschritten, sondern der Verwaltungsakt wird lediglich inhaltlich konkretisiert. Ohne diese inhaltliche Konkretisierung würde der Verwaltungsakt zu

12

unbestimmt werden. Es liegt dann eine Hauptbestimmung, keine Nebenbestimmung vor.

Vorliegend wird der Verwaltungsakt nicht zu unbestimmt, wenn man die
Anordnung, kein Einweggeschirr zu verwenden, wegdenkt. Die Genehmigung
ergäbe weiterhin Sinn. Daher liegt keine Inhaltsbestimmung vor.

bb) Auch eine **modifizierende Auflage** dürfte nicht vorliegen, da ansonsten
ausschließlich die Verpflichtungsklage statthaft ist. Eine modifizierende Auflage
liegt vor, wenn nicht das vom Antragsteller Beantragte, sondern etwas ganz
anderes genehmigt worden ist. Der Antrag wird damit nicht konkretisiert,
sondern variiert. Daher ist auch die modifizierende Auflage keine
Nebenbestimmung.

Vorliegend wurde nicht etwas anderes genehmigt als das Beantragte, sondern
es wurde der Gewährung des Beantragten eine belastende Bestimmung
hinzugefügt. Daher liegt keine modifizierende Auflage, sondern eine **echte
Nebenbestimmung** vor.

b) Über die Frage, **inwieweit echte Nebenbestimmungen mit der
Anfechtungsklage angreifbar sind**, besteht Streit.

aa) Früher herrschte die Auffassung vor, dass man nach der Art der
Nebenbestimmung i.S.d. § 36 II VwVfG zu differenzieren habe. Während die
Befristung (§ 36 II Nr.1 VwVfG), die Bedingung (§ 36 II Nr.2 VwVfG) und der
Widerrufsvorbehalt (§ 36 II Nr.3 VwVfG) nicht isoliert anfechtbar seien, sei dies
im Falle der Auflage (§ 36 II Nr.4 VwVfG) und des Auflagenvorbehalts
(§ 36 II Nr.5 VwVfG) möglich. Dies ergäbe sich aus dem unterschiedlichen
Wortlaut des § 36 II VwVfG, wonach es ein Unterschied sei, ob der
Verwaltungsakt mit einer Nebenbestimmung „erlassen" (§ 36 II Nr.1 - 3 VwVfG)
oder mit dieser „verbunden" (§ 36 II Nr.4 und 5 VwVfG) sei.

Für die Qualifizierung der Anordnung des Verbots von Einwegbechern als
Auflage i.S.d. § 36 II Nr. 4 VwVfG spricht insbesondere die **Androhung eines
Zwangsgeldes** bei Zuwiderhandlung, denn im Gegensatz zur Bedingung kann
eine Auflage im Wege der Verwaltungsvollstreckung mit Zwangsmitteln
durchgesetzt werden. Zudem ist im Zweifel **immer eine Auflage** als eine den
Adressaten im Vergleich zur auflösenden Bedingung weniger belastende
Nebenbestimmung anzunehmen ist. Es liegt also eine Auflage vor. Nach der
Auffassung, die nach Art der Nebenbestimmung differenziert, wäre eine isolierte
Anfechtungsklage daher statthaft.

bb) Eine andere Auffassung hält die isolierte Anfechtung von Nebenbestimmungen insgesamt für unzulässig. Alle Nebenbestimmungen **seien
untrennbare Teile des Gesamtverwaltungsakts** und daher nicht isoliert
anfechtbar. Der Kläger strebe bei Abwehr belastender Nebenbestimmungen
stets eine Erweiterung des Rechtskreises an. Man müsse stets
Verpflichtungsklage erheben, um eine uneingeschränkte Vergünstigung zu
erreichen. Folgte man dieser Ansicht, wäre die Anfechtungsklage nicht statthaft.

cc) Man könnte auch vertreten, dass eine **isolierte Anfechtung** einer
Nebenbestimmung **stets möglich** sei. Dafür spricht, dass die Behörde bei
Erfolg der Anfechtungsklage den Verwaltungsakt durch Rücknahme oder
Widerruf beseitigen kann oder eine rechtmäßige Nebenbestimmung erlassen
kann. So kann die Behörde ihr einheitliches Ermessen sowie die
Gesamtrechtmäßigkeit des Verwaltungsaktes wiederherstellen. Ihr wird im
Ergebnis durch die isolierte Anfechtungsklage kein Verwaltungsakt aufgenötigt,
den sie so nicht erlassen hätte.
Nach dieser Auffassung könnte G die Auflage isoliert anfechten.

dd) Ein anderer Ansatz stellt darauf ab, ob die Nebenbestimmung vom
Hauptverwaltungsakt trennbar ist.

(1) Nach einer Spielart dieser Auffassung kommt es für die Trennbarkeit darauf
an, ob es sich bei der Behördenentscheidung **um eine gebundene
Entscheidung oder um eine Ermessensentscheidung** handelt. Eine isolierte
Anfechtung komme nur bei einem gebundenen Verwaltungsakt in Betracht.
Auch diese Auffassung würde vorliegend eine isolierte Anfechtbarkeit der
Auflage erlauben, da es sich bei der Gaststättenerlaubnis nach § 2 GastG um
ein präventives Verbot mit Erlaubnisvorbehalt (so genannte Kontrollerlaubnis)
handelt und der Antragsteller einen Anspruch auf Erteilung dieser Erlaubnis hat,
wenn nicht einer der in § 4 I GastG abschließend aufgezählten Versagungsgründe vorliegt.

(2) Nach einer anderen Spielart ist entscheidend, ob der Verwaltungsakt **ohne
die Nebenbestimmung rechtmäßig** wäre. Eine isolierte Anfechtung sei daher
nur möglich, wenn ein Verwaltungsakt bestehen bleibt, der der Rechtsordnung
entspricht. Dies wird aus §§ 44 IV VwVfG gefolgert. Nach einer isolierten
Anfechtung der Nebenbestimmung bliebe eine gaststättenrechtliche Erlaubnis
übrig, die der Rechtsordnung entspricht. Nach dieser Auffassung ist eine
isolierte Anfechtung möglich.

14

ee) Nach der **neueren Rechtsprechung des Bundesverwaltungsgerichts** ist es grundsätzlich eine Frage der Begründetheit und nicht der Zulässigkeit, ob die Auflage isoliert aufgehoben werden und die Genehmigung ohne Auflage sinnvollerweise und rechtmäßigerweise bestehen bleiben kann. Eine isolierte Anfechtung einer Nebenbestimmung ist daher nur dann unzulässig, wenn die isolierte Anfechtung offenkundig von vorneherein ausscheidet. Im vorliegenden Fall käme diese Auffassung ebenfalls zur Zulässigkeit einer isolierten Anfechtungsklage gegen das Verbot der Verwendung von Einweggeschirr.

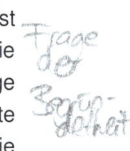

ff) Alle Ansichten kommen zum selben Ergebnis mit Ausnahme der Auffassung, die stets eine Verpflichtungsklage auf Erteilung einer uneingeschränkten Genehmigung verlangt. Gegen diese Auffassung spricht der Wortlaut des § 113 I 1 VwGO („soweit"). Dieser lässt darauf schließen, dass **auch ein Teil eines Verwaltungsaktes isoliert angegriffen** werden kann. Ferner verkennt die Auffassung, die eine Verpflichtungsklage propagiert, dass es sich bei einer Auflage um eine zusätzliche selbständige und belastende Regelung mit eigener Verwaltungsaktsqualität handelt. Vorzugswürdig ist vorliegend daher die Anfechtungsklage nach § 42 I Var. 1 VwGO als statthafte Klageart.

3. Klagebefugnis

Nach § 42 II VwGO müsste G eine Verletzung in eigenen Rechten geltend machen. Dies bedeutet, dass eine Verletzung in eigenen Rechten zumindest als möglich, das heißt als nicht von vornherein ausgeschlossen erscheint. G wurde verboten, Einwegbecher zu verwenden. Eine Verletzung des Grundrechts der Berufsfreiheit aus Art. 12 I GG ist nicht von vornherein ausgeschlossen. G ist mithin auch klagebefugt.

4. Beteiligtenfähigkeit

G ist Subjekt eines Prozessrechtsverhältnisses im Rahmen der allgemeinen Gerichtsbarkeit und somit nach § 61 VwGO beteiligtenfähig. Er kann selbst wirksam Prozesshandlungen vornehmen und ist damit nach § 62 VwGO prozessfähig.

5. Klagegegner

Nach § 78 I ist der Rechtsträger der handelnden Behörde Klagegegner, also vorliegend die Stadt Frankfurt am Main.

6. Vorverfahren

Nach § 68 I VwGO ist vor Erhebung der Anfechtungsklage ein Vorverfahren durchzuführen. G hat gegen die Entscheidung des Gewerbeaufsichtsamtes form- und fristgerecht Widerspruch eingelegt. Dieser Widerspruch wurde von der Behörde abschlägig beschieden. Folglich hat G ein Vorverfahren erfolglos durchgeführt.

7. Klagefrist

G müsste die Klagefrist des § 74 I 1 einhalten. Die Anfechtungsklage kann nicht unbefristet, sondern nur innerhalb eines Monats nach Zustellung des Widerspruchbescheids erhoben werden.

Ergebnis: Alle Sachentscheidungsvoraussetzungen liegen vor.[4] Die Klage des G ist daher zulässig.

II. Begründetheit

Die Anfechtungsklage ist begründet, soweit der angegriffene Bescheid in der Form des Widerspruchsbescheids rechtswidrig war und der Kläger dadurch in seinen Rechten verletzt ist, § 113 I 1 VwGO.

1. Ermächtigungsgrundlage

Das Verbot der Verwendung von Einweggeschirr bedarf wegen des Prinzips des Vorbehalts des Gesetzes einer Ermächtigungsgrundlage. In Betracht kommen § 5 I Nr. 3 GastG, § 22 BImschG, Straßenrecht und § 1 a Abfallgesetz.

a) Denkbare Ermächtigungsgrundlage ist § 5 I Nr. 3 GastG.

aa) Formelle Rechtmäßigkeit der Auflage
Die Auflage muss formell rechtmäßig gewesen sein.

(1) Zuständigkeit
Laut Sachverhalt hat die zuständige Behörde gehandelt.

(2) Verfahren
Das vorgeschriebene Verfahren muss eingehalten worden sein. Es könnte ein Verstoß gegen § 28 I VwVfG vorliegen. Die Auflage wurde erlassen, ohne G

---

[4] Punkte wie das Allgemeine Rechtsschutzbedürfnis sind, wenn unproblematisch, nicht anzusprechen.

vorher anzuhören. Es ist umstritten, ob die Anhörungspflicht nach § 28 I VwVfG *(handschriftlich:) Anhörung auch bei*
lediglich bei belastenden Verwaltungsakten greift oder weitergehend **auch**
dann eine Anhörung erforderlich ist, wenn der Antrag auf Erlass eines *(handschriftlich: begünstigenden*
begünstigenden Verwaltungsakts abgelehnt** wird. *VA Pflicht?)*

Man könnte argumentieren, dass eine Anhörung nicht erforderlich ist, wenn der
Erlass eines begünstigenden Verwaltungsakts abgelehnt wird. Dafür spricht der
Wortlaut des § 28 I VwVfG: „in Rechte eines Beteiligten eingreift". Folgerichtig
dürfte man dann auch keine Anhörung verlangen, wenn eine Auflage mit einem
begünstigenden Hauptverwaltungsakt verbunden wird. Nach dieser Auffassung
musste G nicht vor Erlass der Auflage gehört werden. Es liegt kein
Verfahrensfehler vor.

Denkbar ist es allerdings auch zu vertreten, dass die Anhörungspflicht des
§ 28 VwVfG alle belastenden Verwaltungsakte einschließlich belastender
Nebenbestimmungen erfasst. Dann wäre eine Anhörung hier erforderlich
gewesen. Es kommt indes eine Heilung nach § 45 I Nr.3 in Betracht. Dazu
muss der Kläger im Widerspruchsverfahren Gelegenheit erhalten haben, sich
zu den belastenden Nebenbestimmungen zu äußern. Dies war der Fall. Folglich
liegt auch nach dieser Auffassung kein Verfahrensfehler vor.

Da die beiden Auffassungen zum gleichen Ergebnis führen, kann eine
Entscheidung des Streits unterbleiben. Das Verfahren wurde eingehalten.

bb) Materielle Rechtmäßigkeit
Der Erlass der Auflage war rechtmäßig, wenn alle Tatbestandsvoraussetzungen
der Ermächtigungsgrundlage vorliegen und keine Ermessensfehler vorliegen.

Nach § 5 I Nr. 3 GastG kann die Behörde Gewerbetreibenden, die einer
Erlaubnis bedürfen, jederzeit Auflagen zum Schutz gegen schädliche
Umwelteinwirkungen im Sinne des BImSchG und sonst gegen erhebliche
Nachteile, Gefahren oder Belästigungen für die Bewohner des
Betriebsgrundstücks oder der Nachbargrundstücke sowie der Allgemeinheit
erteilen.

(1) G müsste einer Gaststättenerlaubnis bedürfen. G betreibt ein Reisegewerbe
nach § 1 II GastG. Er benötigt dafür nach § 2 I GastG eine Erlaubnis.

(2) Es handelt sich, wie bereits oben festgestellt, bei dem ==Verbot== der Verwendung von Einweggeschirr um eine Auflage im Sinne des § 36 II Nr. 4 VwVfG.

(3) Nach § 5 I Nr. 3 GastG müssen Auflagen einen gewissen ==Zweck== verfolgen. In Betracht kommen Auflagen zum Schutz gegen schädliche Umwelteinwirkungen im Sinne des BImschG (§ 5 I Nr. 3 Var. 1 GastG) sowie Auflagen zum Schutz gegen sonstige erhebliche Nachteile, Gefahren oder Belästigungen für die Bewohner des Betriebsgrundstücks oder der Nachbargrundstücke sowie der Allgemeinheit, die keine schädlichen Umwelteinwirkungen im Sinne des Bundesimmissionsschutzgesetzes sind (§ 5 I Nr. 3 Var. 2 GastG).

Die Auflage, kein Einweggeschirr zu verwenden, könnte von § 5 I Nr. 3 Var. 1 GastG gedeckt sein. § 5 I Nr. 3 Var. 1 GastG verweist mit dem **unbestimmten Rechtsbegriff der schädlichen Umwelteinwirkungen** auf § 3 I BImSchG. Nach der Legaldefinition des § 3 I BImSchG ist der Begriff der schädlichen Umwelteinwirkung auf Immissionen beschränkt. Dies sind nach der Legaldefinition des § 3 II BImschG Luftverunreinigungen, Geräusche, Erschütterungen, Licht, Wärme, Strahlen und ähnliche Umwelteinwirkungen, also nur unwägbare Stoffe. Bei Einwegbechern handelt es sich nicht um unwägbare Stoffe und damit nicht um Immissionen. Es liegt damit keine schädliche Umwelteinwirkung vor. Folglich ist der Erlass der Auflage nicht von § 5 I Nr. 3 Var. 1 GastG gedeckt.

Es ist nun zu prüfen, ob die Auflage auf § 5 I Nr. 3 Var. 2 GastG gestützt werden kann. Erforderlich ist ein Schutz gegen sonstige erhebliche Nachteile, Gefahren oder Belästigungen für die Bewohner des Betriebsgrundstücks oder der Nachbargrundstücke sowie der Allgemeinheit. Die Umgebung des Getränkestands müsste in konkreter Weise durch Abfälle beeinträchtigt werden. **Dies hat die Behörde indes nicht dargetan.** Neben Getränkeständen auf Festen befinden sich immer Mülleimer, in die die Besucher des Festes die Abfälle werfen können. Es besteht kein Anlass anzunehmen, dass das Geschirr nicht in die vorgesehenen Abfalleimer geworfen wird, sondern auf dem Gelände verstreut wird. Daher sind keine unzumutbaren Belästigungen für die Bewohner der Nachbargrundstücke zu befürchten. Das ==Verbot== der Verwendung von Einwegbechern ist mithin durch die Ermächtigungsgrundlage des § 5 I Nr. 3 Var. 2 GastG ==nicht gedeckt.==

b) Als Rechtsgrundlage kommt ferner § 22 BImschG in Betracht.

Auch § 22 BImSchG, zu dessen Durchführung eine Anordnung nach § 24 BImSchG erlassen werden kann, enthält keine Verpflichtung des G, Einweggeschirr und -bestecke nicht zu verwenden. Schädliche Umwelteinwirkungen i.S.v. § 22 Abs. 1 Nr. 1 und 2 BImSchG sind mit der Verwendung von Einwegmaterialien nicht unmittelbar verbunden. § 22 Abs. 1 Nr. 3 BImSchG verbietet nicht das Entstehen vermeidbarer Abfälle, sondern verlangt nur deren ordnungsgemäße Beseitigung. Die Auflage kann daher nicht auf § 22 BImschG gestützt werden.

c) Die Auflage könnte auf straßenrechtliche Vorschriften gestützt werden.

Im Straßenrecht ist das Einschreiten zur Abfallvermeidung nicht vorgesehen; die Behörde kann diesem Gesichtspunkt daher nicht über die Beifügung einer Nebenbestimmung Geltung verschaffen. Nach § 36 II VwVfG darf ein Verwaltungsakt, auf dessen Erteilung, wie grundsätzlich hier im Fall der straßenrechtlichen Sondernutzungserlaubnis, kein Anspruch besteht, nach pflichtgemäßem Ermessen mit einer Nebenbestimmung verbunden werden. Der **gesetzliche Ermessensrahmen** der maßgeblichen Ermächtigungsnorm des jeweiligen Fachrechts wird dadurch **jedoch nicht erweitert.** Kann mithin die Sondernutzungserlaubnis nicht aus Gründen der Abfallvermeidung oder sonstigen ökologischen Erwägungen versagt werden, ist es der Behörde auch nicht gestattet, diese – unzulässigen, weil außerhalb des Ermächtigungsrahmens liegenden – Gesichtspunkte im Wege einer Nebenbestimmung zur Sondernutzungserlaubnis zu berücksichtigen.

d) Schließlich bietet die aus § 1 a Abfallgesetz (AbfG) folgende Verpflichtung der Abfallvermeidung keine Rechtsgrundlage für diese belastende Maßnahme, weil dieses Gebot nur nach Maßgabe von Rechtsverordnungen aufgrund des § 14 AbfG gilt und die darauf beruhende Verpackungsverordnung Einweggeschirr und -besteck zulässt.

Der Erlass der Auflage, kein Einweggeschirr zu verwenden, ist folglich materiell rechtswidrig. *→ weil keine Rechtsgrundlage geg.*

2. Rechtsverletzung *→ GR - Prüfung*
Durch den rechtwidrigen Verwaltungsakt müsste G in seinen Rechten verletzt worden sein. In Betracht kommt eine Verletzung des Grundrechts der Berufsfreiheit aus Art. 12 I GG.

19

a) Schutzbereich

Zunächst müsste der Schutzbereich des Art. 12 I GG eröffnet sein. G müsste einen Beruf ausüben. Geschützt als Beruf ist jede erlaubte und nicht gemeinschädliche Tätigkeit, die auf eine gewisse Dauer angelegt ist und der Schaffung oder Erhaltung einer Lebensgrundlage dient. Indem G seinen Lebensunterhalt mit dem Ausschank von Getränken verdient, übt er einen Beruf aus.

b) Eingriff

In den Schutzbereich muss durch die Auflage eingegriffen worden sein. Ein Eingriff ist jede staatliche Maßnahme, die ein Verhalten, das in den Schutzbereich eines Grundrechts fällt, unmöglich macht oder verkürzt.

Eingriffe sind sowohl in die Berufswahl als auch in die Berufsausübung möglich. Die Eingriffe in die verschiedenen Bereiche können unterschiedlich intensiv sein, weswegen sie dann auch einer unterschiedlichen Rechtfertigung bedürfen. Am stärksten schränken die **sogenannten objektiven Zulassungsschranken** ein. Objektive Beschränkungen schränken die Wahl eines Berufes durch bestimmte, dem Einfluss des Berufswilligen entzogene, Kriterien ein. Etwas weniger stark greifen die subjektiven, also an die Person gebundenen Zulassungsvoraussetzungen, ein. Es sind Regelungen, die die Zulassung zu einem Beruf an bestimmte Qualifikationen knüpfen. Am wenigsten schränken **Berufsausübungsregelungen** ein. Hier hat der Berufswillige bereits seinen Beruf ergriffen, er wird nur durch Regelungen eingeschränkt, die das „Wie" seiner Berufstätigkeit regeln.

Im vorliegenden Fall wird nicht die Berufswahl des G eingeschränkt, sondern lediglich die Art und Weise, wie er seinen Beruf ausübt. Daher liegt eine Berufsausübungsregelung vor, die in den Schutzbereich des Art. 12 I GG eingreift.

c) Verfassungsrechtliche Rechtfertigung

Der Eingriff in die Berufsausübungsfreiheit (Schranke) könnte gerechtfertigt sein. Berufsausübungsregelungen sind gerechtfertigt, wenn Gesichtspunkte der Zweckmäßigkeit sie verlangen (Schranken-Schranke). Der Erlass einer rechtswidrigen Auflage erscheint unter keinem denkbaren Aspekt zweckmäßig. Der Eingriff ist nicht gerechtfertigt. G ist in seinem Grundrecht aus Art. 12 I GG verletzt.

Ergebnis: Die Klage ist zulässig und begründet.

Sachverhalt

C hat sich mit seinem Jurastudium Zeit gelassen. Aufgrund seines umfangreichen Engagements in der Hochschulpolitik befindet er sich nun im 22. Semester. Damit überschreitet er die im Bundesausbildungsförderungsgesetz (BAFöG) vorgesehene Regelstudienzeit um das Doppelte. Seine Universität (U) im Bundesland A führt nun einen erhöhten Sozialbeitrag für Langzeitstudenten ein. Statt der regulären Gebühr von 200 Euro muss C 400 Euro zahlen. Ansonsten drohe die Exmatrikulation nach dem Landeshochschulgesetz. Das Geld wird für Sozialleistungen der U, wie subventioniertes Mensaessen, verwandt. C ist empört und zahlt nur 200 Euro. Er sieht in der Erhöhung eine willkürliche Bestrafung. Nachdem ihm die U eine Nachfrist von sechs Wochen gesetzt hatte, in der er den Restbetrag noch zahlen dürfe, wird C mangels Überweisung des Geldes am 10. April exmatrikuliert. Darüber wird am gleichen Tag ein Bescheid mit Rechtsmittelbelehrung verschickt. Auf dem Klagewege will C nun die U verpflichten, ihn wieder zu immatrikulieren. C meint, dass seine Studiendauer in keinem Zusammenhang mit seinem Studienerfolg stehe. Die Exmatrikulation sei ein Verstoß gegen das Gleichheitsgebot. Zudem habe er mit dem Abitur die Hochschulzugangsberechtigung erworben und möchte nun eine akademische Laufbahn einschlagen. Das würde der Sozialbeitrag schon im Allgemeinen erschweren. C sendet die Klage am 11. Mai an das Verwaltungsgericht, wo der Brief am 12. Mai ankommt.

Wird seine Klage Erfolg haben?

Hochschulgesetz des Bundeslandes A

§ 12: „Studienbewerberinnen und Studienbewerber sind zu immatrikulieren, wenn sie die Voraussetzungen dazu erfüllen und Versagungsgründe nicht vorliegen. Mit der Immatrikulation wird die Bewerberin oder der Bewerber als Studentin oder Student der Hochschule geführt. Die Mitgliedschaft endet mit der Exmatrikulation. [...] Die Studentin oder der Student ist zu exmatrikulieren, wenn der Sozialbeitrag nicht vollständig gezahlt wird."

Zuständigkeitsgesetz des Bundeslandes A

§ 33: „In Hochschulangelegenheiten ist der Widerspruch nicht gegeben."

Lösung

Die Klage des C wird Erfolg haben, wenn sie zulässig und begründet ist.

I. Zulässigkeit

1. Verwaltungsrechtsweg

Zunächst müsste der Verwaltungsrechtsweg nach § 40 I 1 VwGO eröffnet sein. Eine Spezialzuweisung besteht nicht. Es müsste eine öffentlich-rechtliche Streitigkeit nichtverfassungsrechtlicher Art vorliegen. Dabei ist auf das streitige Rechtsverhältnis abzustellen. Öffentlich-rechtlich ist dies immer, wenn es auf einer Norm beruht, die dem öffentlichen Recht zuzuordnen ist. Hier wendet sich C gegen eine Exmatrikulation nach dem Landeshochschulgesetz. Somit ist der Streit nach einer Rechtsnorm des Hochschulrechts, welches öffentliches Recht darstellt, zu entscheiden. Weiterhin liegt keine doppelte Verfassungsunmittelbarkeit vor, weswegen der Streit nicht verfassungsrechtlicher Art ist. Folglich ist der Verwaltungsrechtsweg nach § 40 I 1 VwGO gegeben.

2. Statthafte Klageart

Die statthafte Klageart richtet sich nach dem wahren Klagebegehren, wie es sich nach verständiger Würdigung der Sach- und Rechtslage darstellt, §§ 82, 86 III, 88 VwGO.

a) C begehrt, wieder bei der U immatrikuliert zu werden. Fraglich ist nun, ob er den Akt der erneuten Immatrikulation begehrt oder die Vernichtung der ausgesprochenen Exmatrikulation, wenn dies automatisch eine Immatrikulation zur Folge hätte. Das wäre dann der Fall, wenn es sich bei der Immatrikulation um ein **Dauerrechtsverhältnis** handelt, welches nicht jedes Semester erneuert werden muss. Nach der zitierten Norm des Hochschulgesetzes ist eine Immatrikulation nicht zeitlich befristet. Es besteht auch keine Pflicht zu deren Erneuerung. Folglich muss es einen Akt geben, der die Immatrikulation beendet. Sie endet nicht automatisch durch die Nichtzahlung des Sozialbeitrages. Damit handelt es sich um ein Dauerrechtsverhältnis. Deshalb wird eine Aufhebung der Exmatrikulation zur automatischen Immatrikulation führen. C begehrt also die Aufhebung seiner Exmatrikulation.

b) Diese Aufhebung könnte nach § 42 I Var. 1 VwGO mit einer Anfechtungsklage erreicht werden, wenn es sich **bei der Exmatrikulation um einen Verwaltungsakt gemäß § 35 VwVfG** handelt. Ein Verwaltungsakt ist die hoheitliche Maßnahme einer Behörde zur Regelung eines Einzelfalls mit unmittelbarer Wirkung nach außen. Zunächst müsste eine Behörde gehandelt haben. Nach § 1 IV VwVfG handelt es sich bei Behörden um Stellen, die Aufgaben der öffentlichen Verwaltung wahrnehmen. Die Exmatrikulation ist eine solche Aufgabe der öffentlichen Hochschulverwaltung. Damit hat eine Behörde gehandelt. Schließlich müsste es sich um eine hoheitliche Regelung handeln. Hier liegt ein öffentlich-rechtliches Handeln gegenüber einer Privatperson vor. Diese Handlung hat durch die sofortige Exmatrikulation am 10. April von der Hochschule auch unmittelbare Wirkung nach außen und betrifft C als Einzelfall. Es liegt somit ein Verwaltungsakt vor, gegen den mit einer Anfechtungsklage nach § 42 I Var. 1 VwGO vorgegangen werden kann.

3. Klagebefugnis

Weiterhin müsste C für die Klagebefugnis darlegen, dass er durch die Exmatrikulation in eigenen Rechten nach § 42 II VwGO verletzt ist. C ist Adressat dieses belastenden Verwaltungsaktes und damit zumindest in seiner allgemeinen Handlungsfreiheit nach Art. 2 I GG verletzt (Adressatentheorie). Damit ist C klagebefugt.

4. Beteiligtenfähigkeit

C ist als natürliche Person nach § 61 Nr. 1 VwGO beteiligtenfähig und gemäß § 62 I Nr. 1 VwGO prozessfähig. Die Universität ist als Körperschaft des öffentlichen Rechts nach § 61 Nr. 2 VwGO beteiligten- und prozessfähig; gemäß § 62 III VwGO muss sie einen Vertreter entsenden. Wer diese Vertretungsfunktion innehat, ergibt sich aus dem Hochschulgesetz des Bundeslandes A.

5. Klagegegner

Nach § 78 I ist der Rechtsträger der handelnden Behörde Klagegegner, also vorliegend das Bundesland A.

6. Vorverfahren

Vor Klageerhebung muss bei der Anfechtungsklage ein Vorverfahren nach §§ 68 I 1, 69 VwGO stattgefunden haben. Dieses Vorverfahren erfolgt durch einen Widerspruch. Ein solcher Widerspruch ist aber nicht notwendig, wenn ein Gesetz dies bestimmt (§ 68 I 2 VwGO). Nach der Regelung des Zuständigkeitsgesetzes ist in Hochschulangelegenheiten ein Widerspruch nicht gegeben und damit unstatthaft.

7. Klagefrist

Die Klage muss nach § 74 I 1 VwGO innerhalb eines Monates nach Bekanntgabe des Verwaltungsaktes erhoben werden. Bekanntgabe bedeutet Zugang beim Empfänger. Das Schreiben der U wurde hier am 10. April verschickt. Ein schriftlicher Verwaltungsakt, der durch die Post im Inland übermittelt wird, gilt mit dem dritten Tage nach der Aufgabe der Post als bekannt gegeben (§ 41 II 1 VwVfG). Dies wäre hier der 13. April. Gemäß § 57 II VwGO i.V.m. § 222 I ZPO, § 187 I BGB beginnt die Monatsfrist am 13. April um 0.00 Uhr und endet gemäß § 188 I BGB am 12. Mai um 24.00 Uhr. Da die Klage am 12. Mai beim Gericht ankommt, ist die Klagefrist nach § 74 I 1 VwGO eingehalten.

Ergebnis: Die Klage ist als Anfechtungsklage nach § 42 I Var. 1 VwGO zulässig.

II. Begründetheit

Die Anfechtungsklage ist begründet, soweit die Exmatrikulation rechtswidrig war und C dadurch in seinen Rechten verletzt wurde, § 113 I 1 VwGO.

1. Rechtsgrundlage

a) Als Rechtsgrundlage kommt § 12 S. 4 des Hochschulgesetzes des Bundeslandes A in Betracht. Danach ist ein Student zu exmatrikulieren, wenn er den Sozialbeitrag nicht vollständig gezahlt hat. C hat den Sozialbetrag nicht vollständig bezahlt. Damit ist die Exmatrikulation möglich.

b) Allerdings müsste § 12 S. 4 des Hochschulgesetzes des Bundeslandes A verfassungsgemäß sein. Es könnte ein Verstoß gegen die Berufsfreiheit aus Art. 12 I GG sowie gegen das Gleichheitsgebot nach Art. 3 I GG vorliegen.

aa) Zunächst ist ein Verstoß gegen die **Berufsfreiheit nach Art. 12 I GG** zu prüfen. Der Schutzbereich des Art. 12 I GG umfasst neben Tätigkeiten auch die Ausbildung dazu. Damit ist der Schutzbereich eröffnet.

Es müsste ein Eingriff vorliegen. Ein Eingriff ist jede staatliche Maßnahme, die es dem Einzelnen erschwert oder verhindert, von seinem Recht Gebrauch zu machen. Durch die Exmatrikulation wird es C unmöglich gemacht, Jura zu studieren, um das Staatsexamen zu erlangen. Es liegt die dritte Stufe eines möglichen Eingriffs, mithin eine objektive Zulassungsbeschränkung, vor.[5] Damit ist ein Eingriff gegeben.

Der Eingriff könnte jedoch verfassungsrechtlich gerechtfertigt sein. Als Schranke kommen bei einer **objektiven Zulassungsbeschränkung** nach der Drei-Stufen-Theorie nur überragend wichtige Gründe des Allgemeinwohls in Betracht. Die Finanzierbarkeit der Hochschule und ihrer Sozialleistungen im Solidarprinzip sind **überragend wichtige Gründe des Allgemeinwohls**. Damit stellt die Regelung im Landeshochschulgesetz des Bundeslandes A, aufgrund der die Exmatrikulation erfolgt, eine Schranke dar.

Allerdings ist als Schranken-Schranke die **Verhältnismäßigkeit** der Maßnahme zu beachten. Der Sozialbeitrag verfolgt mit der Finanzierung von Sozialleistungen einen legitimen öffentlichen Zweck. Die Einziehung des Geldes von den Studenten ist dazu auch geeignet und, da kein milderes Mittel zur Verfügung steht, erforderlich. Schließlich müsste der Sozialbeitrag auch angemessen, also verhältnismäßig im engeren Sinne, sein. Die Höhe von 200 bzw. 400 Euro für Sozialleistungen, die jedem Studenten offen stehen, steht in keinem unangemessenen Verhältnis zur Ausübung des Freiheitsrechts.

Folglich ist ein Verstoß gegen Art. 12 I GG **nicht** gegeben.

bb) Möglicherweise ist der **Schutzbereich des Gleichheitsrechts** betroffen. Danach dürfen gleiche Sachverhalte nicht ungleich und ungleiche Sachverhalte nicht gleich behandelt werden. Es könnte deshalb ein Verstoß gegen das Gleichheitsrecht nach Art. 3 I GG gegeben sein, da der Sozialbeitrag für Langzeitstudenten höher ist. Damit könnte eine **ungleiche Behandlung** bei gleichen Sachverhalten vorliegen: Beide Personengruppen – Normal-studierende und Langzeitstudierende – sind als Angehörige derselben Hochschule vergleichbar. Als Rechtfertigung für die Ungleichbehandlung bedarf es eines vernünftigen Grundes. Der Gesetzgeber geht hier davon aus, dass bei Studenten, die über einen langen Zeitraum studieren, die Förderungswürdigkeit beispielsweise für das subventionierte Mensaessen entfällt. Eine Förderung über ein normales Maß hinaus würde diese Studenten ohne Berechtigung besser stellen als normale Studenten. Damit ist die Regelung auch

---

[5] Vgl. zu einer ausführlichen Darstellung der Drei-Stufen-Theorie bei Art. 12 GG den vorigen Fall sowie Zenthöfer: Juristischer Grundkurs Band 19 (Grundrechte).

verhältnismäßig, ein Verstoß gegen das Gleichheitsrecht nach Art. 3 I GG liegt nicht vor.

2. Formelle Rechtmäßigkeit
Zweifel an der formellen Rechtmäßigkeit der Exmatrikulation, die durch einen schriftlichen Bescheid erfolgte, bestehen nicht.

3. Materielle Rechtmäßigkeit
Die Exmatrikulation war materiell rechtmäßig, wenn der Tatbestand erfüllt war und keine Ermessensfehler gemacht wurden.

a) Tatbestand
Nach § 12 S. 4 des Hochschulgesetzes des Bundeslandes A ist ein Student zu exmatrikulieren, wenn er den Sozialbeitrag nicht vollständig gezahlt hat. C hat den Sozialbetrag nicht vollständig bezahlt. Damit ist die Exmatrikulation die richtige Rechtsfolge.

b) Rechtsfolge
Die Norm räumt der Hochschule kein Ermessen ein. Fehler auf der Rechtsfolgenseite sind also nicht ersichtlich.

Ergebnis: Die Anfechtungsklage des C nach § 42 I Var. 1 VwGO ist zulässig, aber nicht begründet. Sie wird keinen Erfolg haben.

⚠ Komischer Aufbau!

Vorschlag:

B. Begründetheit

   I. Ermächtigungsgrundlage (+)

     1. TB

     2. Form RM

     3. Mat. RM

   II. Rechtsverletzung (−)

   C. Ergebnis

26

Sachverhalt

A betreibt eine große Buchhandlung. In einer Abteilung seines Ladens befindet sich ein Antiquariat. Nachdem bei der für Gewerbeuntersagungen zuständigen Behörde Gerüchte laut wurden, dass A in seinem Antiquariat gestohlene Bücher verkauft, wird das Amt tätig und sendet A ohne dessen Anhörung eine Untersagungsverfügung. In dieser Verfügung wird A aufgefordert, den Betrieb seiner Buchhandlung einzustellen, weil er „unzuverlässig" sei. Die Behörde führt nicht näher aus, warum sie A für unzuverlässig hält. Das im Bundesland des A erforderliche Widerspruchsverfahren führt A ordnungsgemäß durch. Die Widerspruchsbehörde weist den Widerspruch durch einen am 28. Januar zur Post gegebenen eingeschriebenen Brief mit der Begründung zurück, dass ein Verdacht bestehe, dass A gestohlene Bücher in seinem Antiquariat verkaufe. In der Rechtsbehelfsbelehrung des Widerspruchsbescheids, der A am 29. Januar zugeht, steht, dass A innerhalb von 30 Tagen Klage gegen den Bescheid beim Verwaltungsgericht erheben könne. A erhebt am 1. März Klage gegen den Bescheid. In der mündlichen Verhandlung vor dem Verwaltungsgericht stellt sich heraus, dass die Vorwürfe der Hehlerei haltlos sind. Plötzlich wendet die Behörde ein, A habe schon seit langem Steuerschulden (was zutrifft) und bereits deshalb sei ihm die Erlaubnis zum Betrieb der Buchhandlung zu entziehen.

Ist die Klage zulässig und begründet?

Lösung

Die Klage des A ist erfolgreich, wenn sie zulässig und begründet ist.

I. Zulässigkeit

Die Klage ist zulässig, wenn alle Sachentscheidungsvoraussetzungen vorliegen.

1. Verwaltungsrechtsweg

Zunächst müsste der Verwaltungsrechtsweg eröffnet sein. Mangels aufdrängender Spezialzuweisung bemisst sich die Rechtswegeröffnung nach § 40 I 1 VwGO. Es muss eine öffentlich-rechtliche Streitigkeit nichtverfassungsrechtlicher Art vorliegen. Eine Streitigkeit ist öffentlich-rechtlich, wenn die streitentscheidenden Normen öffentlich-rechtlicher Natur sind. Eine Norm ist öffentlich-rechtlich, wenn sie einen Träger öffentlicher Gewalt berechtigt oder verpflichtet. Im vorliegenden Fall ist die streitentscheidende Norm § 35 GewO.

27

Die Vorschrift berechtigt ausschließlich Behörden und damit staatliche Stellen zur Untersagung einer Gewerbeausübung. Daher ist eine öffentlich-rechtliche Streitigkeit gegeben. Indem auch nicht zwei Verfassungsorgane um spezifisches Verfassungsrecht streiten, liegt auch keine verfassungsrechtliche Streitigkeit vor (keine doppelte Verfassungsunmittelbarkeit).

Ferner ist keine abdrängende Sonderzuweisung an ein anderes Gericht ersichtlich. Daher ist der Verwaltungsrechtsweg nach § 40 I 1 VwGO eröffnet.[6]

2. Statthafte Klageart

Die statthafte Klageart richtet sich nach dem Klagebegehren, wie es sich nach verständiger Würdigung der Sach- und Rechtslage darstellt, vgl. §§ 82, 86 III, 88 VwGO. Als statthafte Klageart kommt hier die Anfechtungsklage nach § 42 I Var. 1 VwGO in Betracht. Dazu müsste A die Aufhebung eines belastenden Verwaltungsakts begehren. Die angegriffene Gewerbeuntersagung müsste also einen Verwaltungsakt i.S.d. § 35 VwVfG darstellen. Die Gewerbeuntersagung umfasst das Verbot zum Betrieb der Buchhandlung. Der Bescheid enthält damit eine von einer Behörde erlassene Regelung eines konkreten Einzelfalles, die eine rechtliche Außenwirkung gegenüber A entfaltet. Folglich liegt in der Untersagung ein Verwaltungsakt vor. Statthafte Klageart ist damit die Anfechtungsklage nach § 42 I Var. 1 VwGO.

3. Klagebefugnis

Nach § 42 II VwGO müsste A eine Verletzung in eigenen Rechten geltend machen. Dies bedeutet, dass eine Verletzung in eigenen Rechten zumindest als möglich, das heißt, als nicht von vornherein ausgeschlossen erscheint. Jedem Bürger kommt aus Art. 2 I GG das Recht zu, nicht mit einer rechtswidrigen staatlichen Maßnahme belastet zu werden. Es erscheint zumindest eine Verletzung des A aus Art. 2 I GG als Adressat einer möglicherweise rechtswidrigen Gewerbeuntersagung als nicht von vornherein ausgeschlossen. A ist mithin auch klagebefugt nach § 42 II VwGO.

4. Beteiligtenfähigkeit

Indem A imstande ist, Subjekt eines Prozessrechtsverhältnisses im Rahmen der allgemeinen Gerichtsbarkeit zu sein, ist er nach § 61 VwGO beteiligtenfähig. Er ist auch in der Lage, selbst wirksam Prozesshandlungen vorzunehmen und damit nach § 62 VwGO prozessfähig.

---

[6] Dieser Punkt ist in Klausuren regelmäßig sehr kurz abzuhandeln. In den ersten Fällen dieses Buches stellen wir, zur Übung, die Langversion vor. Doch es gilt: Hier holt man keine Punkte!

5. Klagegegner → genauer § 78 I Nr. 1

Nach § 78 I VwGO ist der Rechtsträger der handelnden Behörde Klagegegner, also vorliegend die Stadt.

6. Vorverfahren

Nach § 68 I VwGO ist vor Erhebung der Anfechtungsklage ein Vorverfahren durchzuführen. A hat gegen die Entscheidung des Gewerbeaufsichtsamtes Widerspruch eingelegt. Dieser Widerspruch wurde von der Behörde abschlägig beschieden. Folglich hat A ein Vorverfahren erfolglos durchgeführt.

7. Klagefrist

A müsste die Klagefrist des § 74 I 1 VwGO eingehalten haben. Danach kann die Anfechtungsklage nicht unbefristet, sondern nur innerhalb eines Monats nach Zustellung des Widerspruchbescheids erhoben werden. Zunächst ist zu ermitteln, wann die Klagefrist zu laufen begann. Der Widerspruchsbescheid erreichte A am 29. Januar. Grundsätzlich liefe die Frist also einen Monat später, nämlich am 29. Februar, ab. Allerdings wurde der Bescheid von der Behörde durch **eingeschriebenen Brief** übermittelt. Bei dieser Form der Zustellung ist zu beachten, dass der Tag der Zustellung nach § 73 III i.V.m. 56 II VwGO i.V.m. 4 I VwZG der dritte Tag nach der Aufgabe zur Post ist. Der Tag der Zustellung ist im vorliegenden Fall daher der 31. Januar, auch wenn der Brief A tatsächlich bereits am 29. Januar erreichte. Die Klagefrist läuft an dem Tag des dem Fristbeginn folgenden Monats ab, der das Datum des Fristbeginns trägt (§§ 74 I, 57 II VwGO, § 222 ZPO i.V.m. § 188 II 1 BGB). Der Widerspruchbescheid gilt wegen der Dreitagesfiktion als am 31. Januar zugestellt.

Rechnerisch wäre das **Fristende am 31. Februar**. Dieser Tag existiert allerdings nicht. Fehlt in dem Monat des Fristendes der für ihren Ablauf maßgebliche Tag, so endet die Frist mit dem Ablauf des letzten Tages dieses Monats. Dies ergibt sich aus §§ 57 II VwGO i.V.m. § 222 ZPO i.V.m. 188 III BGB. Fristende war vorliegend also der 28. Februar, 24.00 Uhr. A hat seine Klage allerdings erst am 1. März eingelegt. Daher war sie grundsätzlich verfristet.

Es besteht nun die kuriose Situation, dass die von der Behörde im Widerspruchsbescheid genannte 30-Tages-Frist länger ist als „ein Monat". A würde die 30-Tages-Frist einhalten, wenn er am 1. März klagt, nicht aber die gesetzlich vorgeschriebene Monatsfrist. Hier gilt diese Monatsfrist, da sich die Behörde nicht über gesetzliche Klagefristen hinwegsetzen kann.

Etwas anderes könnte sich allerdings aus § 58 II i.V.m. § 58 I VwGO ergeben. Danach beginnt die Frist nicht zu laufen, wenn die **Rechtsbehelfsbelehrung unrichtig ist oder unterblieben ist**. Eine Rechtsbehelfsbelehrung war dem Bescheid beigefügt. Sie enthielt den Hinweis, dass A binnen 30 Tagen Klage zum Verwaltungsgericht erheben kann. Nach § 58 I VwGO muss die Rechtsbehelfsbelehrung allerdings den Hinweis enthalten, dass die Klage innerhalb eines Monats zu erheben ist. Wie die Fristberechnung im vorliegenden Fall zeigt, entspricht der Zeitraum eines Monats nicht unbedingt 30 Tagen. Daher war die Rechtsbehelfsbelehrung unrichtig. Die Frist des § 74 I 1 VwGO begann nicht mit der Zustellung zu laufen. Vielmehr richtet sich die Klagefrist nach § 58 II VwGO. Es läuft eine Ausschlussfrist von einem Jahr. Damit war die Klageerhebung des A noch rechtzeitig.

Ergebnis: Alle Sachentscheidungsvoraussetzungen liegen vor. Die Klage des A ist daher zulässig.

II. Begründetheit

Die Anfechtungsklage ist begründet, soweit der angegriffene Untersagungs-bescheid in der Form des Widerspruchsbescheids, hier also die Gewerbe-untersagung, rechtswidrig war und der Kläger dadurch in seinen Rechten verletzt ist, § 113 I 1 VwGO.

Rechtmäßigkeit der Gewerbeuntersagung

1. Ermächtigungsgrundlage

Eine Ermächtigungsgrundlage für die Behörde zur Gewerbeuntersagung könnte sich aus § 35 I GewO ergeben. § 35 I GewO bezieht sich wegen § 35 VIII GewO jedenfalls auf zulassungsfreie Gewerbe. Die von A ausgeübte Tätigkeit müsste also ein zulassungsfreies Gewerbe darstellen. Ein Gewerbe ist eine erlaubte, d.h. nicht generell verbotene, auf Gewinnerzielung gerichtete, dauerhaft ausgeübte, selbständige Tätigkeit, die nicht Urproduktion, freier Beruf oder Verwaltung eigenen Vermögens ist. Der Handel mit Büchern erfüllt diese Voraussetzungen. Folglich betreibt A ein Gewerbe. Ein Gewerbe ist zulassungsfrei, wenn es nicht in dem Katalog der genehmigungspflichtigen Gewerbe der §§ 30 bis 34c GewO aufgeführt ist. Dies ist nicht der Fall. A

30

betreibt deswegen ein zulassungsfreies Gewerbe. Demnach ist § 35 I GewO die richtige Ermächtigungsgrundlage für eine Untersagung dieses Gewerbes.

2. Formelle Rechtmäßigkeit der Gewerbeuntersagung
Die Gewerbeuntersagung könnte formelle Fehler aufweisen.

a) Zuständigkeit
Laut Sachverhalt hat die nach § 155 II GewO zuständige Behörde gehandelt.

b) Verfahren
Das Verwaltungsverfahren muss ordnungsgemäß abgelaufen sein. Nach § 28 I VwVfG hätte die Behörde A vor Erlass des rechtswidrigen Verwaltungsakts anhören müssen. Eine Anhörung ist allerdings nicht erfolgt. Der sich daraus ergebende formelle Fehler könnte unbeachtlich sein. Nach § 28 II VwVfG kann in bestimmten Fällen von einer Anhörung abgesehen werden. Es liegt allerdings keiner der in § 28 II Nr.1 bis Nr. 5 VwVfG aufgezählten Fälle oder eine diesen Fällen vergleichbare Konstellation vor. Daher kann von einer Anhörung nicht nach § 28 II VwVfG abgesehen werden. **Es könnte eine Heilung des formellen Fehlers nach § 45 I Nr.3 VwVfG vorliegen.** Dazu müsste die Anhörung nachgeholt worden sein. A hat im Rahmen des Widerspruchsverfahrens Gelegenheit gehabt, seine Sicht der Dinge darzustellen. Daher wurde die Anhörung nachgeholt. Folglich liegt eine Heilung nach § 45 I Nr.3 VwVfG vor.

c) Form
Die Form müsste eingehalten worden sein. Nach § 39 I 1 VwVfG ist ein Verwaltungsakt schriftlich zu begründen. Die Behörde hat allerdings im vorliegenden Fall auf eine Begründung verzichtet. Es liegt auch keine Konstellation vor, nach der es einer Begründung wegen § 39 II Nr.1 bis Nr.5 VwVfG nicht bedarf. Folglich liegt ein Formfehler vor. Dieser Formfehler könnte nach § 45 I Nr.2, II VwVfG geheilt worden sein. Die Behörde hat ihre Entscheidung im Widerspruchsverfahren bzw. in der mündlichen Verhandlung begründet. Daher wurde der Fehler der fehlenden Begründung geheilt.

Der Verwaltungsakt ist formell rechtmäßig.

3. Materielle Rechtmäßigkeit der Gewerbeuntersagung

Die Gewerbeuntersagung könnte materielle Fehler aufweisen.

a) Tatbestandsvoraussetzungen der Ermächtigungsgrundlage

Die Tatbestandsvoraussetzungen von § 35 GewO müssen vorliegen.

aa) Unzuverlässigkeit

Zur Erfüllung der Tatbestandsvoraussetzungen des § 35 GewO müsste sich A zunächst unzuverlässig sein. Unzuverlässigkeit ist ein **unbestimmter Rechtsbegriff**. Sie liegt vor, wenn der Gewerbetreibende aufgrund der Gesamtwürdigung seiner Persönlichkeit und seines Verhaltens nicht die Gewähr dafür bietet, dass er die mit der Gewerbeausübung verbundenen Pflichten in der Zukunft ordnungsgemäß ausüben wird.

Hehlerei: Grund für die Annahme von Unzuverlässigkeit kann die Begehung von gewerbebezogenen Straftaten sein. Es ist mit ordnungsgemäßer Gewerbeausübung unvereinbar, gestohlene Sachen zu verkaufen, an denen wegen § 935 BGB kein Eigentum erworben werden kann. Allerdings haben sich die Vorwürfe der Hehlerei gegen A im Rahmen der mündlichen Verhandlung als haltlos dargestellt.

Steuerschulden: Die Steuerschulden des A könnten eine Unzuverlässigkeit begründen. Fraglich ist allerdings, ob der Aspekt der Steuerschulden vom Verwaltungsgericht berücksichtigt werden darf. Es könnte ein Nachschieben von Gründen vorliegen. Dies ist der Fall, wenn die Behörde erst im Verwaltungsprozess neue Gründe rechtlicher oder tatsächlicher Natur vorbringt, weil die ursprünglichen Gründe den Verwaltungsakt nicht tragen. Die Behörde hat den Gesichtspunkt der Steuerschulden erst in der mündlichen Verhandlung in den Prozess eingeführt, weil sich der ursprüngliche Grund der Hehlerei als haltlos erwiesen hatte. Folglich liegt ein Nachschieben von Gründen vor. Fraglich ist, wie dieses rechtlich zu beurteilen ist.

bb) Hier könnte aber nicht nur ein Nachschieben, sondern sogar ein Auswechseln von Gründen, das zulässig sein könnte, vorliegen. Für die Zulässigkeit spricht der Amtsermittlungsgrundsatz nach § 86 I VwGO. Der **Amtsermittlungsgrundsatz** besagt, dass das Verwaltungsgericht den relevanten Sachverhalt von Amts wegen erforschen und sämtliche Umstände ermitteln muss, die für die Klage von Bedeutung sind. Folgt man dieser Ansicht, könnte der Aspekt der Steuerschulden vom Verwaltungsgericht gewürdigt

werden. Wer Steuerschulden hat, bietet keine Gewähr dafür, dass er in Zukunft die mit der Gewerbeausübung verbundenen Pflichten ordnungsgemäß ausüben wird. Folglich wäre A als unzuverlässig einzustufen.

Die Gegenauffassung hält ein Nachschieben von Gründen nicht für zulässig. Sie beruft sich auf den Wortlaut von § 114 S. 2 VwGO. Danach kann die Behörde ihre Ermessenserwägungen noch im verwaltungsgerichtlichen Verfahren ergänzen. Aus dieser Formulierung könne man schließen, dass eine Ergänzung nur hinsichtlich einzelner Ermessenserwägungen möglich sei, eine **völlig neue Begründung allerdings nicht berücksichtigt werden dürfe.** Folgte man dieser Begründung, könnte der Aspekt der Steuerschulden nicht berücksichtigt werden und A würde nicht als unzuverlässig eingestuft.

Da die Auffassungen zu unterschiedlichen Ergebnissen führen, muss der Streit entschieden werden. Gegen die Auffassung, die ein Nachschieben von Gründen ablehnt, spricht die Prozessökonomie. Die Behörde könnte schließlich einen neuen Bescheid mit der neuen Begründung erlassen, der dann nach erfolglosen Widerspruchsverfahren erneut vom Gericht überprüft werden müsste. Daher ist es zweckmäßig, **ein Nachschieben von Gründen grundsätzlich zuzulassen.**

Es gibt allerdings drei Einschränkungen. Die nachgeschobenen Gründe müssen erstens schon bei Erlass des Verwaltungsakts vorgelegen haben. Zweitens darf der Verwaltungsakt durch die nachgeschobenen Gründe nicht in seinem Wesen verändert worden sein. Drittens darf ein Nachschieben von Gründen nicht dazu führen, dass der durch den Verwaltungsakt Belastete in seiner Rechtsverteidigung eingeschränkt wird.

Die Steuerschulden des A lagen schon bei Erlass des Ausgangsbescheides vor. Der Verwaltungsakt wurde durch die nachgeschobenen Gründe nicht in seinem Wesen verändert, und A wurde auch nicht in seiner Rechtsverteidigung beeinträchtigt. Folglich liegt keine Einschränkung der Anwendbarkeit des Nachschiebens von Gründen vor. Das Verwaltungsgericht kann die Steuerschulden des A im Rahmen des § 35 I GewO würdigen.

Daher ist A als unzuverlässig einzustufen.

cc) Erforderlichkeit der Untersagung

Die Untersagung muss nach § 35 I 2. Hs. GewO zum Schutz der Allgemeinheit erforderlich sein. Hiernach dürfte es kein milderes, gleich geeignetes Mittel zur Erreichung des intendierten Schutzes der Allgemeinheit geben. Eine eventuell in Betracht kommende Teiluntersagung wäre indes unpraktikabel und demgemäß ebenso wenig gleich geeignet wie eine bloße Abmahnung an eine Person. Damit ist die Untersagung auch erforderlich.

b) Rechtsfolge

Grundsätzlich enthält § 35 GewO als Rechtsfolge eine gebundene Entscheidung („ist"). Gleichwohl darf eine Gewerbeuntersagung nur ausgesprochen werden, wenn sie sich im Einzelfall als verhältnismäßig erweist, da die **Verhältnismäßigkeit ein grundlegendes, allumfassendes Verfassungsprinzip** ist. Da die betroffenen Allgemeinwohlinteressen allerdings in hohem Maße schutzwürdig sind, kann eine unverhältnismäßige Belastung des Unzuverlässigen nur in außergewöhnlich hohen Beeinträchtigungen für diesen liegen. Angesichts der Tatsache, dass nach Fortfall der Unzuverlässigkeit die Gewerbeausübung wieder gestattet werden kann (§ 35 VIII GewO), liegt keine unverhältnismäßige Beeinträchtigung des A vor. Die Gewerbeuntersagung ist mithin rechtmäßig.

Ergebnis: Die Klage ist zulässig, aber unbegründet.

Sachverhalt

A ist Sprecher des „Vereins der Fleischesser" und passionierter Jäger mit Jagdschein. Damit immer genug Wild auf seinem Mittagstisch zu finden ist, erlegt er mehr Tiere, als die staatlich festgelegten Quoten erlauben und begeht dadurch eine Straftat. Dafür wird vom Strafrichter eine Geldstrafe von 50 Tagessätzen festgesetzt. Darüber hinaus ist A Vorsitzender des „Vereins der national denkenden Deutschen" und hetzt gegen Ausländer, weswegen er am gleichen Tag zu einer Freiheitsstrafe von 10 Monaten auf Bewährung verurteilt wird. Eine Einziehung des Jagdscheins nach § 41 BJagdG ordnet das Strafgericht für beide Fälle nicht an. Allerdings erklärt die zuständige Behörde den Jagdschein des A für sofort ungültig und legt eine Sperrfrist für die Wiedererteilung von zwei Jahren fest. Auf seinen Widerspruch bestätigt die zuständige Widerspruchsbehörde die Entscheidungen und verlängert die Sperrfrist nach ordnungsgemäßer Prüfung auf drei Jahre. Auf diese Möglichkeit war A zuvor hingewiesen worden.

Wie kann A gegen die Maßnahmen vorgehen?

Gehen Sie von folgendem Bundesjagdgesetz aus!
§ 17: „Wer die Jagd ausübt, muss einen Jagdschein mit sich führen. ... Der Jagdschein ist Personen zu versagen, bei den Tatsachen die Annahme rechtfertigen, dass sie unzuverlässig sind. ... Unzuverlässig ist in der Regel, wer ... wegen einer Straftat gegen jagdrechtliche Vorschriften zu einer Freiheitsstrafe oder einer Geldstrafe von mindestens 60 Tagessätzen verurteilt worden ist."
§ 18 S. 1: „Wenn Tatsachen, welche die Versagung des Jagdscheins begründen, erst nach Erteilung des Jagdscheins eintreten, so ist die Behörde verpflichtet, den Jagdschein für ungültig zu erklären."
§ 18 S. 3: „Die Behörde kann eine Sperrfrist für die Wiedererteilung des Jagdscheins festsetzen."
§ 41: „Wird jemand wegen einer rechtswidrigen Tat in Verbindung mit dem Jagdrecht von einem Strafgericht verurteilt, so kann das Gericht eine Entziehung des Jagdscheins anordnen."

Lösung

Erster Teil: Klage gegen die Ungültigkeitserklärung

Eine Klage des A gegen die Ungültigkeitserklärung wird Erfolg haben, wenn sie zulässig und begründet ist.

I. Zulässigkeit

Die Klage ist zulässig, wenn alle Sachentscheidungsvoraussetzungen vorliegen.

1. Verwaltungsrechtsweg

Zunächst müsste der Verwaltungsrechtsweg nach § 40 I 1 VwGO eröffnet sein. Eine Sonderzuweisung besteht nicht. Es müsste daher eine öffentlich-rechtliche Streitigkeit nichtverfassungsrechtlicher Art vorliegen. Dabei ist auf das streitige Rechtsverhältnis abzustellen. Öffentlich-rechtlich ist dies immer, wenn es auf einer Norm beruht, die dem öffentlichen Recht zuzuordnen ist, also einen Träger öffentlicher Gewalt berechtigt oder verpflichtet. Hier wendet sich A gegen die Ungültigkeitserklärung des Jagdscheins nach § 18 S. 1 BJagdG. Somit ist der Streit nach einer Rechtsnorm des Jagdrechts, welches öffentliches Recht darstellt, zu entscheiden. Weiterhin liegt keine doppelte Verfassungsunmittelbarkeit vor, weswegen der Streit nicht verfassungsrechtlicher Art ist. Folglich ist der Verwaltungsrechtsweg nach § 40 I 1 VwGO eröffnet.

2. Statthafte Klageart

Die statthafte Klageart richtet sich nach dem Klagebegehren, wie es sich nach verständiger Würdigung der Sach- und Rechtslage darstellt, §§ 82, 86 III, 88 VwGO. Die von A begehrte Aufhebung der Ungültigkeitserklärung des Jagdscheins könnte nach § 42 I Var. 1 VwGO mit einer Anfechtungsklage erreicht werden. Dazu müsste die Ungültigkeitserklärung einen belastenden Verwaltungsakt gemäß § 35 S. 1 VwVfG darstellen. Ein Verwaltungsakt ist die hoheitliche Regelung eines Einzelfalls einer Behörde mit unmittelbarer Wirkung nach außen. Es müsste sich um eine hoheitliche Regelung handeln. Hier liegt ein öffentlich-rechtliches Handeln gegenüber einer Privatperson vor. Diese Handlung hat durch die sofortige Ungültigkeitserklärung auch unmittelbare Wirkung nach außen und betrifft A als Einzelfall. Es liegt somit ein Verwaltungsakt nach § 35 S. 1 VwVfG vor, der auch belastend ist und gegen den somit mit einer Anfechtungsklage nach § 42 I Var. 1 VwGO vorgegangen werden kann.

3. Klagebefugnis

Weiterhin müsste A für die Klagebefugnis darlegen, dass er durch die Ungültigkeitserklärung in eigenen Rechten nach § 42 II VwGO verletzt ist. A ist Adressat dieses belastenden Verwaltungsaktes und damit zumindest in seiner allgemeinen Handlungsfreiheit nach Art. 2 I GG verletzt (Adressatentheorie). Damit ist A klagebefugt.

4. Beteiligtenfähigkeit

A ist als natürliche Person nach § 61 Nr. 1 VwGO beteiligtenfähig und gemäß § 62 I Nr. 1 VwGO prozessfähig.

5. Klagegegner

Nach § 78 I ist der Rechtsträger der handelnden Behörde Klagegegner.

6. Vorverfahren

Vor Klageerhebung muss bei der Anfechtungsklage ein Vorverfahren nach §§ 68 I 1, 69 VwGO stattgefunden haben. Dieses Vorverfahren erfolgt durch einen Widerspruch. Ein solcher Widerspruch ist laut Sachverhalt gegeben.

7. Klagefrist

Die Klage muss nach § 74 I 1 VwGO innerhalb eines Monates nach Bekanntgabe des Verwaltungsaktes erhoben werden.

Ergebnis: Die Klage ist als Anfechtungsklage nach § 42 I Var. 1 VwGO zulässig.

II. Begründetheit

Die Anfechtungsklage ist begründet, soweit die Ungültigkeitserklärung in Gestalt des Widerspruchsbescheids rechtswidrig war und A dadurch in seinen Rechten verletzt wurde, § 113 I 1 VwGO.

Rechtmäßigkeit der Ungültigkeitserklärung

1. Rechtsgrundlage

Als Rechtsgrundlage kommt § 18 S. 1 des Bundesjagdgesetzes (BJagdG) in Betracht.

2. Formelle Rechtmäßigkeit

Die Ungültigkeitserklärung müsste formell rechtmäßig ergangen sein.

a) Die zuständige Behörde hat laut Sachverhalt gehandelt.

b) Es könnte an einer notwendigen **Anhörung** nach § 28 I VwVfG fehlen. Nach dieser Vorschrift muss, bevor ein Verwaltungsakt erlassen wird, der in Rechte eines Beteiligten eingreift, diesem Gelegenheit gegeben werden, sich zu den für die Entscheidung erheblichen Tatsachen zu äußern. Dies ist beim Ausgangsbescheid unterblieben. A wurde nicht angehört. Es liegt also ein Verfahrensfehler vor. Dieser Verfahrensfehler könnte allerdings nach § 45 VwVfG **geheilt** worden sein. Im Rahmen des Widerspruchsverfahrens wurde A Gelegenheit zur Äußerung gegeben, als ihn die Widerspruchsbehörde darauf hinwies, dass eine Verlängerung der Sperrzeit drohen kann. Durch diese Gelegenheit der Stellungnahme ist eine Nachholung nach § 45 I Nr. 3 VwVfG erfolgt.

Damit war die Ungültigkeitserklärung formell rechtmäßig.

3. Materielle Rechtmäßigkeit

Schließlich müsste die Ungültigkeitserklärung auch materiell rechtmäßig sein.

a) Tatbestand

Nach § 18 S. 1 BJagdG ist die Behörde verpflichtet, den Jagdschein für ungültig zu erklären, wenn Tatsachen vorliegen, welche die Versagung des Jagdscheins begründen und diese Tatsachen erst nach Erteilung des Jagdscheins eintreten. Nach § 17 BJagdG ist der Jagdschein einer Person zu versagen, die **unzuverlässig** ist. Die Unzulässigkeit könnte sich unter jagdrechtlichen Gesichtspunkten ergeben. Unzuverlässig ist nach § 17 a.E. BJagdG, wer wegen einer Straftat gegen jagdschutzrechtliche Vorschriften zu einer Freiheitsstrafe oder Geldstrafe von mindestens 60 Tagessätzen verurteilt wurde. A wurde wegen Verstoßes gegen eine jagdschutzrechtliche Vorschrift zu einer Geldstrafe von 50 Tagessätzen verurteilt. Unter diesem Aspekt liegt also keine Unzuverlässigkeit vor.

In Betracht kommt allerdings eine Unzuverlässigkeit unter anderen Gesichtspunkten. „Unzuverlässigkeit" ist ein **unbestimmter Rechtsbegriff**, der von der Behörde ausgefüllt und vom Gericht vollumfänglich überprüft werden kann. Unzuverlässig ist im Jagdrecht, wer nicht die **notwendige charakterliche Eignung besitzt, ordnungsgemäß und verantwortungsvoll zu jagen.** A hat die Jagdquoten missachtet und wurde dafür verurteilt. Er hat weiterhin gegen Ausländer gehetzt und ist auch dafür verurteilt worden. Dadurch bringt er zum Ausdruck, dass er keine Gewähr dafür bietet, sich den Gesetzen entsprechend zu verhalten. In diesen Verstößen gegen staatliche Vorschriften zeigt sich die charakterliche Schwäche des A. Folglich ist er unzuverlässig.

Fraglich ist jedoch, wie zu beurteilen ist, dass das Strafgericht nicht die Entziehung des Jagdscheins nach § 41 BJagdG angeordnet hat. Wäre die Tatsache, dass das Strafgericht die Entziehung nicht ausgesprochen hat, für die Verwaltungsbehörde bindend, könnte diese keine Entziehung mehr anordnen. Alle staatlichen Gewalten handeln selbständig und voneinander unabhängig. Eine Bindungswirkung strafgerichtlicher Entscheidungen für die Verwaltung kann es nur bei gesetzlicher Regelung geben. Das trifft zum Beispiel bei der Entziehung der Fahrerlaubnis nach § 3 IV StVG oder der Gewerbeuntersagung (§ 35 III GewO) zu, nicht aber im vorliegenden Fall.

b) Rechtsfolge
Die Ungültigkeitserklärung nach § 18 S. 1 des BJagdG ist bei Vorliegen des Tatbestandes zwingend auszusprechen, ein Ermessen besteht nicht.
Folglich ist Ungültigkeitserklärung materiell rechtmäßig.

Ergebnis: Eine Anfechtungsklage des A nach § 42 I Var. 1 VwGO ist unbegründet und hat keinen Erfolg.

Zweiter Teil: Klage gegen die Sperrfristsetzung

Eine Klage des A gegen die Sperrfristsetzung wird Erfolg haben, wenn sie zulässig und begründet ist.

I. Zulässigkeit *(bei unproblematischen Punkten erfolgt keine erneute Prüfung)*

1. Verwaltungsrechtsweg

Hier wendet sich A gegen die Sperrfristsetzung nach § 18 S. 3 BJagdG. Somit ist der Streit nach einer Rechtsnorm des Jagdrechts, welches öffentliches Recht darstellt, zu entscheiden. Folglich ist der Verwaltungsrechtsweg nach § 40 I 1 VwGO eröffnet.

2. Statthafte Klageart

Die statthafte Klageart richtet sich nach dem Klagebegehren, § 86 III, § 88 VwGO.

a) Die von A begehrte Aufhebung der Sperrfristsetzung könnte nach § 42 I Var. 1 VwGO mit einer Anfechtungsklage erreicht werden. Mit der Festsetzung regelt die Behörde einen Einzelfall bezüglich der Wiedererteilung eines Jagdscheins. Dies stellt einen belastenden Verwaltungsakt nach § 35 S. 1 VwVfG dar. Damit ist die Anfechtungsklage statthaft.

b) Fraglich ist, gegen welchen Bescheid sich A wenden sollte. In Betracht kommt der **Ausgangsbescheid**, der eine Sperrzeit von zwei Jahren festsetzte, und der Widerspruchsbescheid mit einer Festsetzung von drei Jahren. Nach § 79 I Nr. 1 VwGO ist Gegenstand einer Anfechtungsklage grundsätzlich der ursprüngliche Verwaltungsakt in der Gestalt, die er durch den Widerspruchsbescheid gefunden hat. Dann würde A gegen die Sperrzeit insgesamt klagen. Nach § 79 II 1 VwGO kann aber auch der **Widerspruchsbescheid alleiniger Klagegegenstand** sein. Dann würde A nur gegen die Verlängerung der Sperrzeit klagen. Das hätte unter Kostengesichtspunkten Sinn, wenn man davon ausgehen müsste, dass eine gewisse Sperrzeit wohl unumgänglich sein wird und sich nur über die Länge gestritten werden soll. Für diesen Fall müsste die Verlängerung der Sperrfrist von zwei auf drei Jahre allerdings nach dem Wortlaut der Vorschrift eine „zusätzliche selbständige Beschwer" im Sinne der Vorschrift darstellen.

Umstritten ist, wann eine solche „**zusätzliche selbständige Beschwer**"
anzunehmen ist.

aa) Nach einer Ansicht bedarf es dazu einer qualitativen Änderung des
Ausgangsbescheids. Dies ist bei einer Verlängerung der Sperrzeit nicht
gegeben, da der Gegenstand (Sperrfrist) gleich bleibt. Nach dieser Auffassung
wäre § 79 II 1 VwGO vorliegend nicht einschlägig, weswegen der
Widerspruchsbescheid nicht alleiniger Klagegegenstand sein könnte.

bb) Nach einer anderen Ansicht reicht eine quantitative Änderung des
Ausgangbescheids aus, um eine „zusätzliche selbständige Beschwer" zu
bejahen. Eine Verlängerung der Sperrzeit würde damit unter § 79 II 1 VwGO
fallen. A könnte separat gegen den Widerspruchsbescheid klagen.

cc) Die Ansichten führen zu unterschiedlichen Ergebnissen. Eine
Streitentscheidung ist also erforderlich. Für die erste Meinung spricht der
Wortlaut von § 79 II 1 VwGO. **Eine „zusätzliche" Beschwer ist eben nicht
nur eine „erweiterte" oder „ausgebaute" Beschwer.** Zudem ist eine rein
quantitative Veränderung des Ausgangsbescheids keine selbständige
Beschwer, sondern vielmehr, da sie auf den Ausgangsbescheid direkt bezogen
ist, eine unselbständige Beschwer. Damit ist der ersten Meinung zu folgen. Die
Verlängerung der Sperrzeit stellt folglich keine „zusätzliche selbständige
Beschwer" nach § 79 II 1 VwGO dar, gegen die A klagen könnte.

A kann sich also nur nach § 79 I Nr. 1 VwGO gegen den ursprünglichen
Verwaltungsakt in der Gestalt, die er durch den Widerspruchsbescheid
gefunden hat, wehren.

3. Klagebefugnis

Weiterhin müsste A für die Klagebefugnis darlegen, dass er durch die
Sperrfristsetzung in eigenen Rechten nach § 42 II VwGO verletzt ist. A ist
Adressat dieses belastenden Verwaltungsaktes und damit zumindest in seiner
allgemeinen Handlungsfreiheit nach Art. 2 I GG verletzt (Adressatentheorie).
Damit ist A klagebefugt.

4. Vorverfahren

Vor Klageerhebung muss bei der Anfechtungsklage ein Vorverfahren nach
§§ 68 I 1, 69 VwGO stattgefunden haben. Dieses Vorverfahren erfolgt durch die
Einlegung eines Widerspruchs. Ein solcher Widerspruch wurde laut Sachverhalt

gegen den Ausgangsbescheid erhoben. Es fehlt zwar ein Widerspruch gegen den Widerspruchsbescheid. Allerdings bedarf es eines solchen Widerspruches nicht nach § 68 I 2 Nr. 2 VwGO.

Ergebnis: Eine Klage ist als Anfechtungsklage nach § 42 I Var. 1 VwGO zulässig.

II. Begründetheit

Die Anfechtungsklage ist begründet, soweit die Sperrfristfestsetzung rechtswidrig war und A dadurch in seinen Rechten verletzt wurde, § 113 I 1 VwGO.

1. Rechtsgrundlage

Als Rechtsgrundlage kommt § 18 S. 3 des BJagdG in Betracht.

2. Formelle Rechtmäßigkeit der Sperrfristsetzung

Die Sperrfristsetzung müsste formell rechtmäßig erfolgt sein.

a) Problematisch ist hier, ob eine Verlängerung der Sperrfrist seitens der Widerspruchsbehörde zulässig ist. Es liegt eine Veränderung zum Nachteil des A, mithin eine Verböserung (**reformatio in peius**), vor. Fraglich ist, ob eine solche reformatio in peius im Verwaltungsverfahren überhaupt zulässig ist.

aa) Nach einer Ansicht ist eine reformatio in peius mit der Ausgestaltung des Widerspruchsverfahrens als Rechtsbehelfsverfahren nicht vereinbar. Mit einer belastenden Entscheidung gehe die Widerspruchsbehörde zu Lasten des Betroffenen über dessen Antrag hinaus. Das **widerspreche der im Vorverfahren wie im Klageverfahren geltenden Dispositionsmaxime**. Weiterhin schaffe ein wirksamer Verwaltungsakt einen Vertrauenstatbestand, der nur aufgrund besonderer gesetzlicher Regelung wieder zerstört werden dürfe. Anders als in § 411 IV Strafprozessordnung fehle eine solche in der VwGO (vgl. dazu: Zenthöfer: Juristischer Grundkurs Strafprozessrecht – mit 40 typischen StPO-Zusatzfragen, Richter Verlag).

bb) Nach einer anderen Ansicht ist die reformatio in peius dagegen zulässig. Die umfassende Kontrollbefugnis der Widerspruchsbehörde gemäß § 68 I 1 VwGO, die Recht- und Zweckmäßigkeit des Verwaltungsaktes im Vorverfahren

42

zu prüfen, setze eine Verböserungsmöglichkeit voraus. Denn die **volle Sachherrschaft der Verwaltung** im Widerspruchsverfahren impliziere die Möglichkeit einer Abänderung der Entscheidung der Ausgangsbehörde auch zuungunsten des Widerspruchsführers. Auch § 79 II 1 VwGO setze voraus, dass der Widerspruchsbescheid eine zusätzliche selbständige Beschwer enthalten kann. Schließlich sei zu beachten, dass nach §§ 48 f. VwVfG die Behörde zur Aufhebung bzw. Änderung eines Verwaltungsaktes nach seiner Bestandskraft ermächtigt ist. Dies müsse erst recht **vor** deren Eintritt gelten. Zuletzt gebiete auch die aus Art. 20 III GG sich ergebende Gesetzesbindung der Verwaltung die Möglichkeit nachteiliger Abänderung der Ausgangsentscheidung.

cc) Die Ansichten kommen zu unterschiedlichen Ergebnissen. Eine Streitentscheidung ist also notwendig. Gegen die erste Ansicht, nach der der Verwaltungsakt einen Vertrauenstatbestand setzt, spricht, dass der Widerspruchsführer gerade **nicht** auf den Bestand des Verwaltungsaktes **vertraut**. Für die zweite Ansicht spricht, dass nach § 73 I VwGO die Entscheidungszuständigkeit im Anschluss an das Abhilfeverfahren grundsätzlich vollständig auf die Widerspruchsbehörde übergeht. Wenn dies so ist, dann müssen der Widerspruchsbehörde die gleichen Befugnisse zustehen wie der Ausgangsbehörde, insbesondere eine Verböserungsmöglichkeit. Damit ist die zweite Ansicht vorzuziehen. Eine reformatio in peius mithin zulässig.

b) Die fehlende **Anhörung** durch die Ausgangsbehörde bei Festsetzung der zweijährigen Sperrzeit nach § 28 I VwVfG wurde gemäß § 45 I Nr. 3 VwVfG **geheilt**. Für die Heilung genügt auch bei Ermessensakten eine Anhörung durch die Widerspruchsbehörde, da für den Betroffenen auch im Widerspruchsverfahren die Möglichkeit besteht, alles vorzubringen, was sich gegen den Verwaltungsakt vortragen lässt.

3. Materielle Rechtmäßigkeit der Sperrfristsetzung
Die Sperrfristsetzung müsste materiell rechtmäßig erfolgt sein.

a) Tatbestand
Die Voraussetzungen des § 18 S. 3 BJagdG sind erfüllt, da hier auf § 18 S. 1 BJagdG Bezug genommen wird, dessen Voraussetzungen – wie oben bei der Ungültigkeitserklärung geprüft – vorliegen.

b) Rechtsfolge

Auf der Rechtsfolgenseite räumt § 18 S. 3 BJagdG Ermessen ein. Ermessensfehler sind nicht ersichtlich, da die Behörde laut Sachverhalt ordnungsgemäß geprüft hat.

Folglich ist die Sperrfristsetzung materiell rechtmäßig.

Ergebnis: Eine Anfechtungsklage ist unbegründet und hat keinen Erfolg.

Gesamtergebnis: A kann nicht erfolgreich gegen die Maßnahmen vorgehen.

Sachverhalt

Die 16jährige K ist Schülerin der St.-Hubertus-Realschule in B. Vor ca. zwei Monaten ließ K sich eine sehr auffällige Tätowierung oberhalb des Gesäßes („Arschgeweih") stechen, welche sie von da an überaus offenherzig durch entsprechend ausgerichtete Kleidung zeigt. Mit zunehmender Auffälligkeit wird dies von H, dem Klassenlehrer der K, beanstandet, der sie um Zurückhaltung bittet. K hat allerdings Gefallen an der Koketterie gefunden und änderte hieran nichts. Daraufhin bringt H sowohl K als auch schriftlich ihren Eltern gegenüber zum Ausdruck, dass bei Nichtbefolgung der Aufforderung ein Schulverweis anstünde.

Bis zum Ende des Schuljahres ändert K jedoch nichts, so dass in ihrem Realschul-Abschlusszeugnis unter der Rubrik „Sozialverhalten" keine Bewertung erfolgt. Üblicherweise wird eine solche im Abschlusszeugnis vorgenommen, ausgenommen der Fälle eines sehr schlecht zu beurteilenden Sozialverhaltens, um den Realschulabsolventen ein völlig bewerbungs-untaugliches Zeugnis zu ersparen.

K hält sowohl die Androhung der Verweisung als auch die (Nicht-) Bewertung des Sozialverhaltens für rechtswidrig und erhebt daher, vertreten durch ihre Eltern, nach erfolglosem Widerspruchsverfahren Klage beim zuständigen Verwaltungsgericht.

Wie wird das Verwaltungsgericht entscheiden? **Bitte lösen Sie nach Bundesrecht. Die Schulgesetze der Länder sind außer Acht zu lassen.**

Lösung

Die Klage der K hat Aussicht auf Erfolg, wenn sie zulässig und begründet ist.

I. Zulässigkeit

Die Klage müsste zunächst zulässig sein. Dies ist der Fall, wenn die Sachurteilsvoraussetzungen vorliegen.

1. Verwaltungsrechtsweg

Der Verwaltungsrechtsweg ist gemäß § 40 I VwGO eröffnet, soweit keine aufdrängenden Sonderzuweisungen vorliegen. Solche sind hier nicht ersichtlich. Demnach müsste eine öffentlich-rechtliche Streitigkeit gemäß § 40 I 1 VwGO vorliegen.

Nach der **sogenannten Subordinationstheorie** ist eine Streitigkeit öffentlich-rechtlich, wenn sich diese aus einem Über-Unterordnungsverhältnis ergibt. Vorliegend ist die Beziehung zwischen K und der Schule durch ein Sonderstatusverhältnis (früher auch als **„besonderes Gewaltverhältnis"** bezeichnet) gekennzeichnet. Charakteristisch ist hierfür eine besondere Bindung zwischen den Beteiligten, die über die allgemeine Rechtsbeziehung zwischen Bürger und Staat hinausgeht. Somit liegt ein typisches Über-Unterordnungsverhältnis vor. Mithin ist die Streitigkeit öffentlich-rechtlich. Sie müsste zudem nichtverfassungsrechtlicher Art sein. Verfassungsrechtlich ist eine Streitigkeit, wenn Staatsverfassungsorgane um Verfassungsrecht streiten. Dies ist hier offensichtlich nicht der Fall. Somit ist der Verwaltungsrechtsweg gemäß § 40 I 1 VwGO mangels abdrängender Sonderzuweisungen eröffnet.

2. Statthafte Klageart

Die statthafte Klageart richtet sich nach dem Begehren des Klägers, wie es sich nach verständiger Würdigung der Sach- und Rechtslage darstellt, §§ 82, 86 III, 88 VwGO. K wendet sich hier zum einen gegen die Androhung der Verweisung und zum anderen gegen die (Nicht-) Bewertung des Sozialverhaltens. Beide Begehren sind gesondert zu betrachten.

a) Hinsichtlich der Androhung der Verweisung kommt die Anfechtungsklage gemäß § 42 I Var. 1 VwGO in Betracht.

Die Androhung müsste insofern als Verwaltungsakt gemäß § 35 S. 1 VwVfG zu qualifizieren sein. Ein Verwaltungsakt ist die hoheitliche Regelung eines Einzelfalls einer Behörde mit unmittelbarer Wirkung nach außen. Zunächst müsste eine Behörde gehandelt haben. Nach § 1 IV VwVfG handelt es sich um Behörden, wenn Aufgaben der öffentlichen Verwaltung wahrgenommen werden. Als staatlich anerkannte Schule ist die St.-Hubertus-Realschule zur Ausübung öffentlich-rechtlicher Schulgewalt ermächtigt und insoweit Behörde. Die Androhung erfolgte auch im Subordinationsverhältnis (vgl. oben), d.h. hoheitlich.

Aw des VAs

Fraglich ist aber, ob **aufgrund des besonderen Statusverhältnisses auch Außenwirkung** gegeben ist. Maßgeblich ist, ob K durch die Maßnahme im sogenannten **Betriebsverhältnis**, das heißt im organisatorischen Bereich der Schule, oder im sogenannten **Grundverhältnis**, also in eigenen Rechten, betroffen ist. Eine Verweisung würde unzweifelhaft K in ihrem Grundrecht auf freie Wahl der Ausbildungsstätte aus Art. 12 I GG treffen. Fraglich ist, ob dies auch schon für die Androhung der Verweisung gilt. Durch die Androhung wird üblicherweise das Statusverhältnis zur Schule gelockert und die endgültige Folge der Verweisung angekündigt. Die Schülerin ist nach der Androhung in der Situation, dass ihr Sonderrechtsverhältnis zur Schule unmittelbar gefährdet ist. Es liegt in der Hand der Schule, dieses **nun jederzeit einseitig zu beenden**. Eine solche Situation muss gerichtlich überprüfbar sein. Die Androhung hat damit Außenwirkung und greift in den Status als Schüler ein, so dass sie das Grundverhältnis betrifft und zudem Regelungswirkung entfaltet. Ein Verwaltungsakt liegt vor. Statthafte Klageart ist die Anfechtungsklage gemäß § 42 I Var. 1 VwGO.

b) Hinsichtlich der (Nicht-) Bewertung des Sozialverhaltens könnte sowohl die Anfechtungsklage als auch eine Verpflichtungsklage gemäß § 42 I VwGO in Betracht kommen. Für beide Möglichkeiten müsste zunächst jedoch in der Einzelbewertung innerhalb des Abschlusszeugnisses ein Verwaltungsakt und nicht ein bloßer Realakt zu sehen sein. Wieder ist dies am Maßstab des § 35 S. 1 VwVfG zu messen. Wie auch die Androhung stellt die Bewertung eine behördliche, hoheitliche Maßnahme auf dem Gebiet des öffentlichen Rechts in einem Einzelfall dar.

Problematisch könnte hier die **Regelungswirkung der Bewertung** sein. Eine Regelung ist dadurch gekennzeichnet, dass sie Rechte und Pflichten begründet, ändert oder aufhebt. Fraglich ist, ob die Bewertung des Sozialverhaltens eine solche Wirkung entfaltet oder ob sie lediglich unselbständiger Bestandteil der Gesamtbewertung ist, die nur mit einer gegen das gesamte Abschlusszeugnis gerichteten Klage angegriffen werden kann. Bei der Bewertung des Sozialverhaltens handelt es sich zwar nicht um eine Zeugnisnote schlechthin, sondern um eine gesonderte Bewertung, die jedoch ebenso Auswirkungen auf die Berufswahl oder -ausübung und damit auf Art. 12 I GG hat. Sie hat zwar keine maßgebliche Bedeutung für die Entscheidung über den Schulabschluss. Allerdings kann die Bewertung des Sozialverhaltens für die weitere Schullaufbahn oder den Eintritt ins Berufsleben erheblich sein. Dabei ist ohne Bedeutung, ob eine negative Bewertung ausdrücklich formuliert ist oder sich diese wie vorliegend aus den Umständen, ergibt. Eine Regelung i.S.d. § 35 S. 1 VwVfG ist daher gegeben. Ein Verwaltungsakt liegt mithin vor.

Fraglich ist nun, ob das Begehren (§ 88 VwGO) der K auf Aufhebung der Bewertung gerichtet ist, so dass die Anfechtungsklage einschlägig wäre oder ob

47

sie vielmehr eine Neubewertung des Sozialverhaltens verlangt, so dass die Verpflichtungsklage einschlägig wäre. Betrachtet man das Gesamtgeschehen, so ist insbesondere das Zustandekommen der Bewertung zweifelhaft. K ist in Anbetracht der beruflichen Folgen des **Abschlusszeugnisses an der Neubewertung** interessiert. Statthaft ist somit die Verpflichtungsklage.

3. Klagebefugnis

Weiterhin müsste K gemäß § 42 II VwGO klagebefugt sein. Hierfür müsste sie geltend machen, durch die Androhung bzw. die Bewertung möglicherweise in eigenen Rechten verletzt zu sein. Sie könnte in ihrem Grundrecht aus Art. 12 GG, jedenfalls aber als Adressatin der belastenden Verwaltungsakte in Art. 2 I GG verletzt sein. Damit ist K klagebefugt.

4. Beteiligten- und Prozessfähigkeit

K müsste zudem sowohl beteiligten- als auch prozessfähig sein. Die Beteiligtenfähigkeit ergibt sich für K aus §§ 61 Nr. 1, 63 Nr. 1 VwGO. Die Prozessfähigkeit ergibt sich aus § 62 I Nr. 1 VwGO, mit dem Erfordernis, dass sie von ihren Eltern gemäß § 1629 I BGB vertreten wird. Die Schule ist als Körperschaft des öffentlichen Rechts gemäß §§ 61 Nr. 2, 63 Nr. 2 VwGO beteiligtenfähig und gemäß § 62 VwGO prozessfähig, muss sich aber gemäß § 62 III VwGO vertreten lassen. Sie kann damit verklagt werden, ist also negativ prozessführungsbefugt.

5. Klagegegner

Nach § 78 I ist der Rechtsträger der handelnden Behörde Klagegegner, also vorliegend die Stadt B.

6. Vorverfahren

Gemäß § 68 I VwGO müsste K zunächst hinsichtlich der Anfechtungsklage und gemäß § 68 II VwGO auch hinsichtlich der Verpflichtungsklage Widerspruch eingelegt haben. Laut Sachverhalt wurde erfolglos ein Widerspruchsverfahren i.S.d. §§ 68 ff. VwGO durchgeführt.

7. Klagefrist

Die Klage müsste gemäß § 74 I 1 VwGO innerhalb eines Monates nach Zustellung des Widerspruchsbescheids erhoben worden sein. Mangels Angaben im Sachverhalt ist hiervon auszugehen.

8. Objektive Klagehäufung

K verfolgt zwei verschiedene Begehren zusammen in einer Klage. Die Voraussetzungen hierfür müssten gemäß § 44 VwGO vorliegen. Die Begehren richten sich gegen denselben Beklagten, sind eng, d.h. rein tatsächlich miteinander verknüpft, und für sie ist dasselbe Gericht sachlich und örtlich zuständig. Daher ist eine Klagehäufung i.S.d. § 44 VwGO zulässig.

Ergebnis: Die Klage ist somit insgesamt zulässig.

II. Begründetheit bezüglich der Androhung der Verweisung

Die Anfechtungsklage bezüglich der Androhung der Verweisung ist gemäß § 113 I 1 VwGO begründet, soweit die gerügte Maßnahme formell und materiell rechtswidrig ist und die K dadurch in ihren Rechten verletzt wird.

1. Ermächtigungsgrundlage

Für die Androhung der Verweisung ist keine gesetzliche Grundlage ersichtlich. Fraglich ist daher, ob eine solche innerhalb des Sonderstatusverhältnisses zwischen K und der Schule entsprechend des im Rechtsstaatsprinzip verankerten Grundsatzes der Gesetzmäßigkeit der Verwaltung Art. 20 III GG überhaupt notwendig ist. Wie bereits geprüft ist hier jedoch nicht das Betriebs-, sondern das Grundverhältnis tangiert und möglicherweise das Grundrecht aus Art. 12 I GG verletzt.

In solchen Fällen – also bei Berührung des Grundverhältnisses – verlangt das BVerfG einen **Gesetzesvorbehalt, wenn die Androhung der Verweisung als wesentliche Maßnahme im Schulverhältnis anzusehen ist und eine ein Grundrecht (unmittelbar oder mittelbar) beeinträchtigende Wirkung entfaltet**. Wie bereits oben erarbeitet, stellt die Androhung eine Voraussetzung der endgültigen Verweisung dar, welche ihrerseits unmittelbar Einfluss sowohl auf den schulischen wie auch den beruflichen Werdegang ausübt. Art. 12 I GG schützt nicht nur die Berufswahl oder -ausübung, sondern auch den Weg dorthin, d.h. den gesamten Bildungsweg, einschließlich der allgemein bildenden Schulen. Folglich ist für die Androhung der Verweisung eine gesetzliche Grundlage vonnöten, welche im vorliegenden Fall fehlt. Der Verwaltungsakt ist aus **diesem Grunde bereits rechtswidrig.** Fraglich könnte aber auch sein, ob die Androhung an sich im Rahmen einer Ermessensentscheidung gemäß § 114 VwGO auch materiell rechtswidrig wäre. Dem Verhältnismäßigkeitsgrundsatz entsprechend müsste die Androhung geeignet und erforderlich sein, einen dem

Allgemeinwohl dienlichen Zweck zumutbar zu erfüllen. Problematisch ist bereits die Geeignetheit der Maßnahme. H rügt lediglich Äußerlichkeiten der K, ohne dass es im Sachverhalt Hinweise auf eine Störung des Schulbetriebs oder dergleichen gäbe. Auch unter diesem Aspekt ist der Verwaltungsakt rechtswidrig.

2. Rechtsverletzung

K könnte in ihrem Grundrecht aus Art. 12 I GG verletzt sein. Art. 12 I GG schützt als einheitliches Grundrecht der Berufsfreiheit nicht nur den Beruf an sich, sondern die Freiheit der Wahl des Berufes und die Berufsausübung (vgl. oben).

Durch die Androhung der Verweisung müsste in Art. 12 I GG eingegriffen worden sein. Ein Eingriff in die Berufsfreiheit ist gegeben, wenn der staatlichen Maßnahme **subjektiv oder objektiv eine berufsregelnde Tendenz** zukommt. Sie muss entweder auf das „Ob" der Berufsausübung oder das „Wie" der Berufsausübung bezogen sein. Die Maßnahme muss damit entweder gerade auf die Berufsregelung abzielen oder unmittelbare oder gewichtige mittelbare Auswirkungen auf den Beruf haben. Hier kommt eine gewichtige mittelbare Auswirkung auf den Beruf in Betracht. Durch die Androhung der Verweisung, die zwangsläufig mit der tatsächlichen Verweisung verknüpft ist, wird die schulische Laufbahn der K und damit eine Grundvoraussetzung für die berufliche Perspektive erheblich beeinträchtigt. Sie hat somit mittelbare Auswirkung auf den künftigen Beruf. Ein Eingriff in Art. 12 I GG liegt damit vor. Dieser könnte jedoch gerechtfertigt sein. **Für die Bestimmung der Rechtfertigung des Eingriffs stellt das BVerfG auf die sog. Dreistufentheorie ab.** Diese stellt eine besondere Ausprägung des Verhältnismäßigkeitsgrundsatzes dar. Eine Eingriff in ein Grundrecht kann jedoch überhaupt nur verhältnismäßig sein, d.h. in diesem Fall der K zumutbar, wenn hierfür eine gesetzliche Grundlage i.S.d. Rechtsstaatprinzips (vgl. oben) vorhanden ist. Wie bereits geprüft, ist dies nicht der Fall. Der Eingriff ist damit unverhältnismäßig und daher nicht gerechtfertigt. K ist in ihrem Grundrecht aus Art. 12 I GG verletzt.

Ergebnis: Bezüglich der Androhung der Verweisung ist die Klage begründet und hat Aussicht auf Erfolg.

III. Begründetheit bezüglich der Nichtbewertung des Sozialverhaltens

Die Verpflichtungsklage bezüglich der (Nicht-) Bewertung des Sozialverhaltens ist gemäß § 113 V 1 VwGO begründet, wenn die gerügte Maßnahme bzw. deren Unterlassen formell und materiell rechtswidrig ist und die K dadurch in ihren Rechten verletzt wird.

1. Formelle Rechtmäßigkeit

Es bestehen hier keinerlei Bedenken an der formellen Rechtmäßigkeit des Verwaltungsakts.

2. Materielle Rechtmäßigkeit

Problematisch könnte jedoch die materielle Rechtmäßigkeit sein. Materiell rechtmäßig ist der Verwaltungsakt, wenn K einen Anspruch auf Erlass des begehrten Verwaltungsakts hat bzw. ein Anspruch auf ermessensfehlerfreie Entscheidung. Hier könnte K einen Anspruch auf ermessensfehlerfreie Entscheidung haben gemäß § 113 V 2 VwGO.

Fraglich ist zum einen, ob die Bewertung des Sozialverhaltens **generell rechtmäßig ist** und zum anderen, ob eine solche im vorliegenden Fall überhaupt gerichtlich überprüfbar ist.

a) Die Bewertung des Sozialverhaltens an Schulen, geregelt im einschlägigen Landesrecht (zum Beispiel § 35 III 2 Nr. 3 Schulgesetz Niedersachsen), könnte gegen das **elterliche Erziehungsrecht** aus Art. 6 II GG und das Grundrecht der Schüler auf eine möglichst **ungehinderte Entfaltung des Persönlichkeitsrechts** gemäß Art. 2 I GG verstoßen. Allerdings bezieht sich der staatliche Erziehungs- und Bildungsauftrag nicht nur auf die reine Wissensvermittlung, sondern umfasst auch die Anleitung zum verantwortlichen Sozialverhalten, so dass solches auch bewertet werden kann.

b) Die Bewertung des Sozialverhaltens stellt eine Ermessensentscheidung mit Bewertungsspielraum dar, welche denknotwendig von den Erfahrungen und Einschätzungen der Lehrkörper abhängt. Als solche ist sie der **gerichtlichen Kontrolle nur bedingt zugänglich, jedoch nicht gänzlich entzogen.** Zwar kann ein Gericht nicht die zugrunde gelegten Bewertungskriterien überprüfen, aber sehr wohl, ob das Bewertungsverfahren fehlerfrei zu Stande gekommen ist und ob die Grenzen des Bewertungsspielraums überschritten wurden. Dies ist eine Tatfrage. Hier könnte zweifelhaft sein, ob allgemein anerkannte Bewertungsmaßstäbe beachtet wurden. Solche schließen sachfremde oder gar willkürliche Entscheidungen aus. Unter Berücksichtigung der Rechtswidrigkeit des ersten Verwaltungsakts liegt hier eine willkürliche Entscheidung vor, welche in keiner Weise anerkannten Bewertungsmaßstäben gerecht wird. Da der Schule weiterhin ein Bewertungsspielraum zur Verfügung steht, ist die Unterlassung der erneuten Bewertung rechtswidrig.

3. Rechtsverletzung

Die Unterlassung der begehrten Maßnahme muss K in ihren Rechten verletzen, vgl. § 113 V 1 VwGO. Dies ist der Fall, wenn der Rechtssatz, gegen den die Behörde verstoßen hat, zumindest auch den Interessen des Klägers zu dienen bestimmt ist. Die rechtswidrige (Nicht-) Bewertung des Sozialverhaltens könnte ebenso wie die Androhung der Verweisung das Grundrecht der K aus Art. 12 I GG tangieren. Wie bereits ausgeführt, hat die Bewertung des Sozialverhaltens **eigene rechtliche Bedeutung**, was den Charakter als Verwaltungsakt ausmacht und insofern auch die Rechtsposition der K betrifft. Eine Bewertung wie hier kann die Chancen beim Eintritt in das Berufsleben nachhaltig beeinflussen oder gar erheblich erschweren, so dass auch hierbei mittelbar die Berufswahl beeinträchtigt ist. Art. 12 I GG ist somit tangiert. K ist daher in ihren grundrechtlich geschützten Rechten verletzt.

Sie hat zwar keinen Anspruch auf eine bestimmte Bewertung, da der Schule noch **Beurteilungsspielraum** zukommt und ihr Ermessen auch nicht auf Null reduziert ist. Allerdings hat K gemäß § 113 V 2 VwGO einen Anspruch auf ermessensfehlerfreie Bewertung. Es ergeht ein Bescheidungsurteil.

Ergebnis: Mithin ist auch die Verpflichtungsklage begründet und hat Aussicht auf Erfolg.

Endergebnis:
Die Klage ist insgesamt zulässig und begründet und hat somit Aussicht auf Erfolg.

Sachverhalt

Z ist seit zehn Jahren Fahrer des Kölner Oberbürgermeisters. Eines Tages will er dem täglichen Trott entfliehen, verkauft und übereignet den Dienstwagen mit falschen Papieren und Kennzeichen dem gutgläubigen Autohändler A und setzt sich in die Karibik ab. Bereits nach einem Tag vermisst der Oberbürgermeister sein Auto. Es wird schnell beim Autohändler A gefunden. Der Oberbürger-meister, der kein Polizei- oder Ordnungsbeamter ist, verlangt von A die Herausgabe und droht mit unmittelbarem Zwang für den Fall einer Verweigerung. Sehr erschreckt gibt A den Wagen heraus. Wenig später reut ihn das. Nach erfolglosem Widerspruchsverfahren kommt er zu Ihnen in die Kanzlei und sagt, es könne nicht sein, dass er nun ohne Geld und ohne Wagen dastehe. Könnte A erfolgreich auf Herausgabe vor einem Verwaltungsgericht klagen?

Lösung

Eine Klage des A wird Erfolg haben, wenn sie zulässig und begründet ist.

I. Zulässigkeit

Die Klage ist zulässig, wenn die Sachentscheidungsvoraussetzungen gegeben sind.

1. Verwaltungsrechtsweg

Zunächst müsste der Verwaltungsrechtsweg nach § 40 I 1 VwGO eröffnet sein. Eine Spezialzuweisung besteht nicht. Es müsste eine öffentlich-rechtliche Streitigkeit nichtverfassungsrechtlicher Art vorliegen. Dabei ist auf das streitige Rechtsverhältnis abzustellen. Öffentlich-rechtlich ist dies immer, wenn es auf einer Norm beruht, die dem öffentlichen Recht zuzuordnen ist. Die Herausgabe eines Gegenstandes an den Eigentümer erfolgt insbesondere nach § 985 BGB. Dabei handelt es sich um eine Norm des Bürgerlichen Rechts.

Hier wehrt sich A aber gegen den Eingriff des Oberbürgermeisters. Dieser Eingriff könnte dem öffentlichen Recht zuzuordnen sein. Der Oberbürgermeister drohte mit **unmittelbarem Zwang**. Dies ist zivilrechtlich nicht möglich. Bei dem Auto handelt es sich außerdem um einen Dienstwagen. Durch die Widmung des Fahrzeugs ist es zu einer öffentlichen Sache im Verwaltungsgebrauch geworden. A wehrt sich folglich gegen einen hoheitlich vorgenommenen

Eingriff. Sein Rückgabebegehren läuft in die entgegengesetzte Richtung wie der Eingriff (actus contrarius) und ist deshalb ebenfalls öffentlich-rechtlich. Damit ist der Verwaltungsrechtsweg nach § 40 I 1 VwGO eröffnet.

2. Statthafte Klageart

Die statthafte Klageart richtet sich nach dem wahren Klagebegehren, wie es sich nach verständiger Würdigung der Sach- und Rechtslage darstellt, §§ 82, 86 III, 88 VwGO.

a) A begehrt zunächst die Aufhebung der Einziehung des Wagens. Dagegen wäre möglicherweise die **Anfechtungsklage** nach § 42 I Var. 1 VwGO die statthafte Klageart. Voraussetzung ist, dass die Handlung des Oberbürgermeisters, gerichtet auf die Herausgabe des Wagens, einen Verwaltungsakt gemäß § 35 I 1 VwVfG darstellt. Ein Verwaltungsakt ist jede Verfügung, die eine Behörde zur Regelung eines Einzelfalls auf dem Gebiet des öffentlichen Rechts trifft und die auf unmittelbare Rechtswirkung nach außen gerichtet ist. Der Oberbürgermeister ist eine Behörde im Sinne von § 1 IV VwVfG. Die Einziehung des Wagens ist, da unmittelbarer Zwang angedroht wurde, unmittelbar auf die Setzung von öffentlich-rechtlichen Rechtsfolgen gerichtet und stellt folglich gegenüber A als Einzelfall eine Regelung mit Außenwirkung dar. Ein Verwaltungsakt nach § 35 I 1 VwVfG liegt vor. Dagegen ist die Anfechtungsklage nach § 42 I Var. 1 VwGO die statthafte Klageart.

b) Mit einer Aufhebung der Einziehung allein ist A nicht geholfen. Er begehrt zusätzlich auch die tatsächliche Rückgabe des Wagens. Fraglich ist, **ob er diese tatsächliche Rückgabe, die einen Realakt darstellt,** mit einer weiteren Klage begehren muss. In Betracht käme eine allgemeine Leistungsklage. Allerdings könnte auch § 113 I 2 VwGO einschlägig sein. Danach kann das Gericht, wenn der Verwaltungsakt schon vollzogen ist, auf Antrag auch aussprechen, dass und wie die Verwaltungsbehörde die Vollziehung rückgängig zu machen hat. Es handelt sich um einen **Annex-Anspruch auf Folgenbeseitigung**.

Folglich begehrt A mit seiner Anfechtungsklage die Aufhebung der Einziehung des Wagens und als Annex nach § 113 I 2 VwGO dessen tatsächliche Rückgabe.

3. Klagebefugnis

Weiterhin müsste A für die Klagebefugnis darlegen, dass er durch die Einziehung des Wagens in eigenen Rechten nach § 42 II VwGO verletzt ist. A ist Adressat dieses belastenden Verwaltungsaktes und damit möglicherweise in seiner Eigentumsfreiheit nach Art. 14 GG verletzt. Damit ist A klagebefugt.

4. Vorverfahren

Vor Klageerhebung muss bei der Anfechtungsklage ein Vorverfahren nach §§ 68 I 1, 69 VwGO stattgefunden haben. Dieses Vorverfahren wurde laut Sachverhalt durchgeführt.

5. Beteiligten- und Prozessfähigkeit

A ist als natürliche Person nach § 61 Nr. 1 VwGO beteiligtenfähig und gemäß § 62 I Nr. 1 VwGO prozessfähig. Der Oberbürgermeister der Stadt Köln ist beteiligtenfähig nach § 61 Nr. 2 VwGO und prozessfähig nach § 62 III VwGO.

6. Klagegegner

Nach § 78 I ist der Rechtsträger der handelnden Behörde Klagegegner.

7. Klagefrist

Die Klage müsste nach § 74 I 1 VwGO innerhalb eines Monates nach Bekanntgabe des Widerspruchsbescheids erhoben werden.

Ergebnis: Die Klage wäre als Anfechtungsklage nach § 42 I Var. 1 VwGO mit einem Annexantrag gemäß § 113 I 2 VwGO zulässig.

II. Begründetheit

Die Anfechtungsklage ist begründet, soweit die Einziehung des Wagens rechtswidrig war und A dadurch in seinen Rechten verletzt wurde, § 113 I 1 VwGO.

1. Rechtsgrundlage

Fraglich ist, auf welcher Rechtsgrundlage die Einziehung des Wagens erfolgt ist.

a) Als Rechtsgrundlage kommt zunächst die ordnungsrechtliche Generalklausel in Betracht (Art. 11 I PAG Bayern, § 3 PolG BaWü, § 17 I ASOG Berlin, § 10 PolG Brandenburg, § 10 I Polg Bremen, § 3 I PolG Hamburg, § 11 SOG

Hessen, § 13 SOG MeckPomm, § 11 SOG Niedersachsen, § 8 I PolG, § 14 OBG NRW, § 9 I POG Rh-Pfalz, § 8 I PolG Saar, § 3 I PolG Sachsen, § 13 SOG Sachsen-Anhalt, §§ 174, 176 LVwG SH, § 12 I PAG Thüringen). Allerdings ist der Oberbürgermeister laut Sachverhalt kein Polizei- oder Ordnungsbeamter. Damit kann er seine Handlung nicht auf eine Norm des Polizei- oder Ordnungsrechts stützen.

b) In Betracht kommt **§ 985 BGB**. Allerdings kann ein zivilrechtlicher Herausgabeanspruch nicht mittels Verwaltungsaktes durchgesetzt werden. Damit scheidet § 985 als Rechtsgrundlage aus.

EGL:
985
analog

c) Zu denken ist daran, **den Rechtsgedanken des § 985 BGB ins Öffentliche Recht zu übernehmen.** Der Dienstwagen ist als gewidmete Sache im Verwaltungsgebrauch eine öffentliche Sache. Als **Widmung** bezeichnet man einen Hoheitsakt (typischerweise ein Verwaltungsakt, eine Satzung oder ein Gesetz), durch den eine Sache zu einer öffentlichen Sache wird. Mit ihr wird gleichzeitig ein **öffentlicher Zweck (Gemeingebrauch)** festgelegt. Daran ändert sich auch nichts durch den Verkauf und die Übereignung an einen gutgläubigen Dritten. Das Interesse der Allgemeinheit an der Erhaltung der öffentlich-rechtlichen Zweckbindung ist höher als das Interesse eines Erwerbers an der Sache. Durch die Herausgabe würde eine öffentliche Sache wieder in den öffentlich-rechtlichen Funktionszusammenhang gestellt. Damit besteht ein Herausgabeanspruch aus dem Rechtsgedanken des § 985 BGB.

§ 985 (+)

2. Tatbestand

Der Tatbestand des § 985 BGB verlangt, dass der Oberbürgermeister in seinem Amt für die Stadt Eigentümer und A ohne Recht dazu Besitzer des Wagens ist. Die Stadt Köln, vertreten durch den Oberbürgermeister, ist Eigentümer des Wagens. A hat die tatsächliche Sachherrschaft inne und ist damit Besitzer. Ein Recht zum Besitz besteht nicht, da die Erhaltung der öffentlich-rechtlichen Zweckbindung vorrangig ist. Damit liegen die Voraussetzungen des § 985 BGB vor, dessen **Rechtsfolgen** hier auf das Öffentliche Recht zu **übertragen** sind.

Die Einziehung des Wagens war also rechtmäßig. Die Anfechtungsklage ist unbegründet. Damit scheidet auch ein Annex-Anspruch auf tatsächliche Rückgabe des Wagens nach § 113 I 2 VwGO aus.

Ergebnis: Eine Klage des A wäre zulässig, aber unbegründet.

Verpflichtungsklage

I. Zulässigkeit

1. Eröffnung des Verwaltungsrechtsweges, § 40 VwGO
(An manchen Universitäten ist dies ein eigener Prüfungspunkt vor der Zulässigkeit.)

2. Beteiligten-, Prozess- und Postulationsfähigkeit, §§ 61, 62, 67 VwGO

3. Statthafte Klageart, (richtet sich nach Klagebegehren: §§ 82, 86 III, 88), § 42 I Var. 2 oder 3 VwGO
→ Kläger begehrt Erlass eines abgelehnten VAes (Versagungsgegenklage), § 42 I Var. 2; oder
→ Kläger begehrt Erlass eines unterlassenen VAes (Untätigkeitsklage), § 42 I Var. 3.

4. Klagebefugnis, § 42 II Var. 2 oder 3 VwGO
Der Kläger muss geltend machen, durch die Ablehnung des VAes in seinen Rechten verletzt zu sein (§ 42 II VwGO).

Rechte sind subjektiv-öffentliche Rechte, d.h. sie schützen auch anerkannte Individualinteressen; z.B. Anspruch auf Erlass eines VAes (Erteilung gaststätten-rechtliche Genehmigung) oder Anspruch auf ermessensfehlerfreie Entscheidung (Baudispens, § 31 BauGB). Für die Unterlassung eines VAes (§ 42 II Var. 3 VwGO) gilt dasselbe. In beiden Fällen *nicht anwendbar* ist die Adressatentheorie, da Art. 2 I GG nur ein Abwehrrecht, aber keinen allgemeinen Leistungsanspruch begründet.

5. Vorheriges Widerspruchsverfahren (§§ 68 ff. VwGO)
→ Der Kläger muss bei der Versagungsgegenklage form- und fristgerecht Widerspruch eingelegt haben. Ausnahmen in § 68 I 2 VwGO.
→ Bei der Untätigkeitsklage ist *kein Widerspruch* notwendig. Stattdessen muss die Behörde gemäß § 75 VwGO nicht binnen drei Monaten sachlich entschieden haben.

6. Klagefrist (§§ 74, 58 VwGO) [Entfällt bei Untätigkeitsklage]
Ein Monat nach Zustellung, §§ 74 II, I, 54 II VwGO, 222 ZPO, 187 f. BGB.

7. Klagegegner (§ 78 VwGO)
Klagegegner ist der Bund, das Land oder die Körperschaft, deren Behörde den angefochtenen VA unterlassen bzw. versagt hat.

8. Allgemeines Rechtsschutzbedürfnis
Das Recht kann nicht anderweitig einfacher bzw. effektiver durchsetzt werden.

II. Begründetheit

Bei der Begründetheit muss man unterscheiden: Es kommt es darauf an, ob **(1)** ein bestimmter VA begehrt wird (§ 113 V 1 VwGO) oder ob **(2)** eine fehlerfreie neue Ermessensentscheidung begehrt wird (§ 113 V 2 VwGO).

Im ersten Fall lautet der Obersatz:

Die Verpflichtungsklage ist begründet, wenn ein Anspruch auf den begehrten VA besteht, § 113 V 1 VwGO.

Aufbau:
1. Benennung der Anspruchsgrundlage
Anspruch auf VA kann sich ergeben aus: Gesetzen (z.b. Anspruch auf Bauerlaubnis in BauO), Zusicherung (§ 38 VwVfG), öffentlich-rechtlichem Vertrag, in dem sich die Behörde zum Erlass verpflichtet (str.).
2. Formelle Voraussetzungen (insbesondere Antrag. Achtung: Die formelle Rechtmäßigkeit des Ausgangsbescheides wird NICHT geprüft).
3. Materielle Voraussetzungen (der Anspruchsgrundlage)

Im zweiten Fall lautet der Obersatz:

Die Verpflichtungsklage ist begründet, wenn der Kläger einen Anspruch auf eine ermessensfehlerfreie Entscheidung hat, also wenn die Ablehnung des VAes rechtswidrig oder unzweckmäßig ist und der Kläger dadurch in seinen Rechten verletzt ist.

Aufbau:
1. Anspruchsgrundlage
Anspruch auf ermessensfehlerfreie Entscheidung kann sich ergeben aus: Gesetzen (z.B. § 70 GewO).

2. Formelle Rechtmäßigkeit des Ausgangsbescheides
● Zuständigkeit der Behörde (örtlich, sachlich, instanziell),
● Form (§ 37 II – IV, § 39 VwVfG),
● Verfahren (vor allem Befangenheit des entscheidenden Beamten).

3. Materielle Rechtmäßigkeit des Ausgangsbescheides
● Anspruchsgrundlage erneut benennen.

- Bei *gebundener* Entscheidung: Subsumtion unter den Tatbestand der Anspruchsgrundlage. Rechtswidrigkeit, wenn alle Voraussetzungen vorliegen.
- Bei *Ermessen*: Rechtswidrigkeit liegt vor, wenn die Verwaltung ermessensfehlerhaft gehandelt hat (§ 114 S. 1 VwGO).

4. Rechtsverletzung beim Kläger

Gegeben, wenn Ablehnung des VAes bzw. Unterlassen gegen einen Rechtssatz verstößt, der (zumindest auch) den Interessen des Klägers zu dienen bestimmt ist.

Rechtsfolge: Verpflichtungsurteil bei „Spruchreife" (wenn Behörde bei neuer Entscheidung kein Ermessen mehr hat), ansonsten Bescheidungsurteil.

Sachverhalt

In der Bahnhofstraße der Stadt Saarbrücken betreiben die Discounter A und L ihre Filialen genau nebeneinander. Dabei gehen sie bei der Kundengewinnung äußerst aggressiv vor. Dazu gehört auch, dass L seinen Laden nicht pünktlich um 20 Uhr schließt, wie es das Ladenschlussgesetz vorsieht. Auch danach werden noch Kunden in die Filiale gelassen. Ein Zeitdruck durch Lautsprecheransagen besteht nicht. Dies spricht sich insbesondere bei Studenten und Berufstätigen herum, die das „Angebot" dankend wahrnehmen. A will sich gegen diese Öffnungszeiten wehren. Er fordert die zuständige Behörde auf, „endlich aktiv zu werden gegen diese ständigen Rechtsverletzungen". Sollte man dazu nicht willens sein, fordert A wenigstens eine schriftliche Bestätigung, dass auch A – wie L – seine Filiale bis 20.30 Uhr geöffnet lassen darf. Das Gewerbeamt der Stadt S weist diese Forderungen von A zurück. Es bestehe kein Grund zum Einschreiten. Wie die Erfahrung zeige, werde die Ladenöffnung bis 20.30 Uhr von der Bevölkerung angenommen. Eine Genehmigung längerer Öffnungszeiten für A sei dagegen nicht sinnvoll, da der Zustrom von Käufern nach 20 Uhr nicht so groß sei, dass er sich für beide Discounter lohnen würde. Es bestehe die Gefahr, dass dann beide Filialen wieder um 20 Uhr schließen müssten.

A legt dagegen Widerspruch ein. Nach acht Monaten ist immer noch nicht darüber entschieden. A erhebt Klage. Mit Erfolg?

Nehmen Sie folgenden Wortlaut der Norm an:
§ 3 Ladenschlussgesetz Saarland [Allgemeine Ladenschlusszeiten]
Verkaufsstellen müssen zu folgenden Zeiten für den geschäftlichen Verkehr mit Kunden geschlossen sein: [...] montags bis samstags bis 6 Uhr und ab 20 Uhr [...]

Ordnungsrechtliche Generalklausel (in allen Bundesländern so oder ähnlich in den Polizeigesetzen normiert)
Die Ordnungsbehörden können die notwendigen Maßnahmen treffen, um eine im einzelnen Falle bestehende Gefahr für die öffentliche Sicherheit oder Ordnung (Gefahr) abzuwehren.

Hinweis: Wettbewerbsrecht (§§ 3, 4 UWG) ist für das Rechtsschutzbedürfnis (zunächst Klage A gegen L?) <u>nicht</u> zu beachten. Das Rechtsschutzbedürfnis einer Klage ist zu unterstellen.

Lösung

Das Gericht wird der Klage stattgeben, wenn diese zulässig und begründet ist.

I. Zulässigkeit

Die Klage ist zulässig, wenn die Sachentscheidungsvoraussetzungen gegeben sind.

1. Verwaltungsrechtsweg[7]

Zunächst muss der Verwaltungsrechtsweg eröffnet sein. Mangels aufdrängender Spezialzuweisung bemisst sich die Rechtswegeröffnung nach § 40 I 1 VwGO. Es muss eine öffentlich-rechtliche Streitigkeit nichtverfassungsrechtlicher Art vorliegen. Eine Streitigkeit ist öffentlich-rechtlich, wenn die streitentscheidenden Normen öffentlich-rechtlicher Natur sind. Eine Norm ist öffentlich-rechtlich, wenn sie einen Träger öffentlicher Gewalt berechtigt oder verpflichtet. Im vorliegenden Fall sind Bestimmungen des Ladenschlussgesetzes die streitentscheidenden Normen. Diese Vorschriften berechtigten ausschließlich Behörden und damit staatliche Stellen zu Eingriffen. Daher ist eine öffentlich-rechtliche Streitigkeit gegeben. Indem auch nicht zwei Verfassungsorgane um spezifisches Verfassungsrecht streiten, liegt keine verfassungsrechtliche Streitigkeit vor (keine doppelte Verfassungsunmittelbarkeit). Ferner ist keine abdrängende Sonderzuweisung an ein anderes Gericht ersichtlich. Daher ist der Verwaltungsrechtsweg nach § 40 I 1 VwGO eröffnet.

2. Statthafte Klageart

Die statthafte Klageart richtet sich nach dem Klagebegehren, wie es sich nach verständiger Würdigung der Sach- und Rechtslage darstellt, vgl. §§ 82, 86 II, 88 VwGO. A stellt zwei Anträge: Einen Hauptantrag, der L die späte Öffnung zu versagen und einen Hilfsantrag, ihm selbst die späte Öffnung zu erlauben. In beiden Fällen ist sein Begehren auf den Erlass eines Verwaltungsakts gerichtet. Statthafte Klageart ist deshalb die Verpflichtungsklage gemäß § 42 Abs. 1 Var. 2 VwGO. Es liegt eine Anspruchshäufung vor, die nach § 44 VwGO zulässig ist.

---

[7] Dieser Punkt ist in Klausuren regelmäßig sehr kurz abzuhandeln. In einigen Fällen dieses Buches stellen wir, zur Übung, die Langversion vor. Doch es gilt: Hier holt man keine Punkte!

3. Klagebefugnis

Nach § 42 II VwGO müsste A eine Verletzung in eigenen Rechten geltend machen. Dies bedeutet, dass eine Verletzung in eigenen Rechten zumindest als möglich, also als nicht von vornherein ausgeschlossen erscheint. In Betracht kommt zunächst eine Verletzung eigener Rechte aus dem Ladenschlussgesetz. Das **Ladenschlussgesetz entfaltet nach neuerer Ansicht der Rechtsprechung auch konkurrentenschützende Wirkung**. Nach anderer Ansicht soll dieses Gesetz nur Arbeitnehmer schützen. Dann könnte jedoch eine Verletzung eigener Rechte, wie sie in der ordnungsrechtlichen Generalklausel geschützt ist, in Betracht kommen. Der Streit muss also nicht entschieden werden. A hat dann immerhin ein subjektives Recht auf ermessensfehlerfreie Entscheidung.

4. Beteiligtenfähigkeit

A ist Subjekt eines Prozessrechtsverhältnisses im Rahmen der allgemeinen Gerichtsbarkeit und somit nach § 61 VwGO beteiligtenfähig und nach § 62 VwGO prozessfähig.

5. Klagegegner

Nach § 78 I ist der Rechtsträger der handelnden Behörde Klagegegner, also vorliegend die Stadt Saarbrücken.

6. Vorverfahren

Nach § 68 I VwGO ist vor Erhebung der Anfechtungsklage ein Vorverfahren durchzuführen. A hat gegen die Entscheidung der Behörde form- und fristgerecht Widerspruch eingelegt. Über diesen Widerspruch wurde allerdings noch nicht entschieden. Deshalb könnte man der Auffassung sein, das notwendige Vorverfahren sei noch nicht durchgeführt. Allerdings ist die Frist des § 75 VwGO [unbedingt lesen – wichtige Norm!] abgelaufen. A muss also nicht die Fortführung des Vorverfahrens seitens der Behörde abwarten.

Ergebnis: Die Klage des A ist zulässig.

II. Begründetheit des Hauptantrags

Die Klage ist begründet, soweit die Ablehnung oder Unterlassung des beantragten Verwaltungsaktes rechtswidrig ist und A dadurch in seinen Rechten verletzt ist (§ 113 V VwGO).

1. Benennung der Anspruchsgrundlage

Die Anspruchsgrundlage für ein Einschreiten ergibt sich aus § 3 Ladenschlussgesetz i.V.m. der ordnungsrechtlichen Generalklausel. Die Nichtbeachtung des Ladenschlussgesetzes durch längere Öffnungszeiten stellt eine Rechtsverletzung und damit einen Verstoß gegen die objektive Rechtsordnung als Schutzgut der öffentlichen Sicherheit dar.

2. Formelle Rechtswidrigkeit der Ablehnung [Prüfungspunkt entfällt hier wegen Untätigkeit der Behörde, vgl. § 75 VwGO]

3. Materielle Rechtswidrigkeit des Unterlassens und Anspruch auf Einschreiten

L verstößt evidentermaßen gegen § 3 LSchlG und damit gegen die objektive Rechtsordnung. Dies führt zu einer Gefahr der öffentlichen Sicherheit. Der Behörde steht Ermessen zu, ob und wie sie einschreitet. Sie hat dieses Ermessen jedoch fehlerhaft (§ 40 VwVfG) ausgeübt. Ihre Ermessens-erwägungen sind vom Zweck des § 3 LSchlG nicht gedeckt. Es handelt sich folglich um einen Ermessensfehler. Dieser Ermessensfehler ist nach § 114 VwGO gerichtlich überprüfbar. Damit handelt die Behörde materiell rechtswidrig.

4. Verletzung in eigenen Rechten

Durch die ermessensfehlerhafte Ablehnung eines Einschreitens wird A auch in ihrem Recht auf fehlerfreie Ermessensausübung verletzt.

Ergebnis: Die Klage ist begründet und spruchreif. Das Gericht wird sich nicht darauf beschränken, die Stadt S zu verpflichten, A unter Beachtung ihrer Rechtsauffassung neu zu bescheiden. Vielmehr wird es die Behörde auch dazu verpflichten, die begehrte Unterlassungsverfügung an L zu erlassen. Der Rechtsverstoß ist so eklatant und beeinträchtigt A nachhaltig in ihrem Grundrecht aus Art. 12 I GG, dass nur noch eine einzige Entscheidung (Einschreiten) als ermessensfehlerfrei erscheint (Ermessensreduzierung auf Null).

III. Begründetheit des Hilfsantrags

Eine Entscheidung über den Hilfsantrag erledigt sich, da A bereits mit dem Hauptantrag Erfolg hat. Er wäre im Übrigen auch unbegründet: Aus Art. 3 I GG lässt sich keine „Anspruch auf Gleichbehandlung im Unrecht" herleiten.

Sachverhalt

Der Autokonzern A (eine Aktiengesellschaft) sucht nach einem Standort für ein neues Fertigungswerk. Er beabsichtigt, dieses Werk in der Gemeinde G zu errichten und damit 500 neue Arbeitsplätze zu schaffen. Der Vorstandsvorsitzende der A verhandelt zu diesem Zweck unter Vorlage der exakten Pläne mit dem Bürgermeister der Gemeinde G, um diesen zu überzeugen, dass ein entsprechender Bebauungsplan erlassen wird. Der Bürgermeister ist vom Vorhaben des A begeistert, wendet aber ein, dass G keine ausreichenden Mittel habe, um die erforderliche Infrastruktur für 500 Arbeitskräfte und deren Familien bereitzustellen. Insbesondere Kindergartenplätze und Schulen seien nicht in ausreichendem Maß vorhanden. A unterbreitet G ein Angebot, einmalig einen Betrag von 2 Millionen Euro zu zahlen. Dafür müsse G einen Bebauungsplan erlassen, nach dem das Vorhaben des A hinsichtlich des Industriekomplexes zu realisieren sei. Neben dem Werk will A 500 Werkswohnungen bauen. Für das Gebiet, in dem die Wohnungen gebaut werden sollen, existiert bereits ein Bebauungsplan. G solle allerdings zusagen, dass eine Baugenehmigung erteilt werde. Der Bürgermeister stimmt diesem Vorschlag (Erlass eines Bebauungsplans für das Gebiet des Fertigungswerks und Erteilung einer Genehmigung für die Wohnungen) in einem schriftlichen Vertrag zu. A zahlt das Geld wie verabredet. Der Gemeinderat von G beschließt indes den Bebauungsplan nicht. Darüber hinaus wird auch die versprochene Baugenehmigung nicht erteilt (auch das Widerspruchsverfahren ist erfolglos). A will gerichtlich dagegen vorgehen. Kann er das mit Erfolg? Prüfen Sie ggf. im Hilfsgutachten weiter!

Lösung

Die Klage des A wird Erfolg haben, wenn sie zulässig und begründet ist.

I. Zulässigkeit

Die Klage ist zulässig, wenn alle Sachentscheidungsvoraussetzungen vorliegen.

1. Verwaltungsrechtsweg

Zunächst muss der Verwaltungsrechtsweg eröffnet sein. Als aufdrängende Spezialzuweisung könnte § 40 II 1 Var. 3 VwGO einschlägig sein. Es ist der ordentliche Rechtsweg für Schadensersatzansprüche aus der Verletzung öffentlich-rechtlicher Pflichten gegeben, die nicht auf einem öffentlich-rechtlichen Vertrag beruhen. A begehrt die Erfüllung eines Vertrages, er macht keine Schadensersatzansprüche geltend. Daher kommt eine Spezialzuweisung nach § 40 II 1 Var. 3 VwGO nicht in Betracht. Folglich kann an dieser Stelle auch dahinstehen, ob es sich bei dem geschlossenen Vertrag um einen öffentlich-rechtlichen Vertrag handelt.

Die **Rechtswegeröffnung** ist nach § 40 I 1 VwGO zu beurteilen. Es muss eine öffentlich-rechtliche Streitigkeit nichtverfassungsrechtlicher Art vorliegen. Eine Streitigkeit ist öffentlich-rechtlich, wenn die streitentscheidenden Normen öffentlich-rechtlicher Natur sind. Eine Norm ist öffentlich-rechtlich, wenn sie einen Träger öffentlicher Gewalt berechtigt oder verpflichtet. Wird wie im vorliegenden Fall um einen Vertrag gestritten, so ist für die Abgrenzung zwischen Verwaltungsrechtsweg und Zivilrechtsweg auf dem Vertragsgegen- 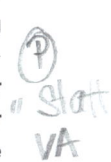 stand abzustellen. **Ein öffentlich-rechtlicher Vertrag liegt vor, wenn der Vertrag auf die Ausgestaltung oder Abänderung öffentlich-rechtlicher Berechtigungen oder Verpflichtungen abzielt.** Für die öffentlich-rechtliche Qualifizierung reicht aus, dass sich jedenfalls der **Schwerpunkt** der Vereinbarung auf die Gestaltung eines öffentlich-rechtlichen Rechtsver- hältnisses bezieht. Deshalb kann es ausreichen, wenn nur eine der getroffenen Regelungen das öffentliche Recht betrifft, sofern die übrigen Bestimmungen in einem engen Sachzusammenhang damit stehen.

Vorliegend wurde die Gemeinde durch den Vertrag verpflichtet, einen Bebauungsplan zu erlassen sowie eine Baugenehmigung zu erteilen. G hat mit A vereinbart, dass eine Baugenehmigung erteilt wird, wenn A im Gegenzug 2 Millionen Euro zahlt. Die Verpflichtung zur Erteilung einer Baugenehmigung ist dem öffentlichen Recht zuzuordnen. Die Gegenleistung des A in Form der Geldzahlung weist zwar keinen öffentlich-rechtlichen Charakter auf. Da diese Verpflichtung aber nur mit Blick auf das Versprechen einer Baugenehmigung eingegangen wird, ist **nach dem Gesamtcharakter der Vereinbarung** von einem öffentlich-rechtlichen Vertrag auszugehen. Der Verwaltungsrechtsweg ist folglich nach § 40 I 1 VwGO eröffnet.

2. Statthafte Klageart
Die statthafte Klageart richtet sich nach dem Klagebegehren, wie es sich nach verständiger Würdigung der Sach- und Rechtslage darstellt, vgl. §§ 82, 86 II, 88 VwGO. A begehrt **zweierlei,** nämlich den Erlass eines Bebauungsplans und die Erteilung einer Baugenehmigung.

a) Ein **Bebauungsplan** ist nach § 10 I BauGB eine Satzung.[8] Es ist fraglich, ob und mit welcher Klageart A den Erlass einer Norm erreichen kann. Nach teilweise vertretener Auffassung ist eine **Normerlassklage** nach der VwGO nicht statthaft. Die Einführung einer Normerlassklage sei Sache des Gesetzgebers. Sie verstoße daher gegen den Grundsatz der Gewaltenteilung. Ferner greife sie in die Planungshoheit und die Satzungsautonomie der Gemeinden ein. Diese Bedenken überzeugen allerdings nicht. Der Grundsatz der Gewaltenteilung kann nur bei Parlamentsgesetzen ins Feld geführt werden. Bei untergesetzlichen Rechtsnormen handelt es sich aber um von der Verwaltung gesetztes Recht. Eine Verpflichtung zum Erlass einer Rechtsnorm greift daher – unabhängig von der Frage, ob darauf ein Anspruch bestehen kann – auch nicht stärker in die Planungshoheitssatzungsautonomie der Gemeinden ein als die Verpflichtung zum Erlass eines Verwaltungsakts.

Im Klagesystem der VwGO steht für jede hoheitliche Handlungsform eine Abwehr- und eine Leistungsklage zur Verfügung. Es besteht die Notwendigkeit, dem Bürger effektiven Rechtsschutz zu gewähren. Eine Normerlassklage sieht die VwGO allerdings nicht vor. In Betracht kommt eine **analoge Anwendung von § 47 VwGO**. Mit dieser Vorschrift kann die Nichtigerklärung von Rechtsnormen erreicht werden. Sie zielt also nur auf Beseitigung von Rechtsnormen ab. Eine vergleichbare Interessenlage zwischen der Beseitigung einer Norm und dem Erlass einer Norm kann nicht festgestellt werden. Daher scheidet eine analoge Anwendung von § 47 VwGO aus. Stattdessen kommt eine Klage auf Feststellung der Verpflichtung zum Normerlass nach § 43 VwGO oder eine allgemeine Leistungsklage in Betracht.

b) Hinsichtlich der **Baugenehmigung** verlangt A den Erlass eines begünstigenden Verwaltungsakts. Für dieses Begehren ist die Verpflichtungsklage die statthafte Klageart.

Beide Klagen können im Wege der Klagehäufung nach § 44 VwGO gleichzeitig erhoben werden.

3. Klagebefugnis

Bei der Klagebefugnis ist erneut zwischen den beiden Begehren zu differenzieren.

---

[8] Im Land Berlin ist der Bebauungsplan eine Rechtsverordnung.

a) Bebauungsplan: Nach § 42 II VwGO analog müsste A geltend machen können, dass ihm möglicherweise ein Anspruch auf die begehrte Leistung zusteht. A wendet sich an das Verwaltungsgericht, um den Erlass eines Bebauungsplans aufgrund eines öffentlich-rechtlichen Vertrages zu erwirken. Einem solchen Anspruch könnte jedoch § 1 III 2 BauGB entgegenstehen. Dies ist allerdings eine Frage der Begründetheit. Ein Anspruch scheint nicht vollständig ausgeschlossen. Daher ist A klagebefugt.

[Hinweis: Es ist auch möglich, die Vorschrift des § 1 III 2 BauGB ausführlich im Rahmen der Klagebefugnis zu prüfen. Nach § 1 III 2 BauGB besteht kein Anspruch auf Erlass eines Bauleitplans und ein solcher kann auch nicht durch Vertrag begründet werden. Man kann daher argumentieren, dass A sein Begehren auf Erlass eines Bebauungsplans von vorneherein nicht auf einen Vertrag stützen kann und insofern nicht klagebefugt ist.]

b) Hinsichtlich der Baugenehmigung muss A nach § 42 II VwGO geltend machen können, dass ihm möglicherweise ein Anspruch auf den Erlass eines Verwaltungsakts zusteht. Dies ist nicht ausgeschlossen. Daher ist A klagebefugt.

4. Beteiligten- und Prozessfähigkeit
A ist als juristische Person nach § 61 Nr. 1 VwGO beteiligtenfähig und gemäß § 62 I Nr. 1 VwGO prozessfähig. Er wird durch den Vorstand nach § 76 AktG vertreten.

5. Klagegegner
Nach § 78 I ist der Rechtsträger der handelnden Behörde Klagegegner, also vorliegend die Gemeinde G.

6. Vorverfahren
Vor Klageerhebung muss bei der Verpflichtungsklage ein Vorverfahren nach §§ 68 I 1, 69 VwGO stattgefunden haben. Dieses wurde erfolglos durchgeführt.

7. Klagefrist
Die Klage bezüglich der Baugenehmigung müsste nach § 74 II VwGO innerhalb eines Monats nach Bekanntgabe des Ablehnungsbescheids in Form des Widerspruchsbescheids erhoben werden. Eine Frist für die Klage bezüglich des Bebauungsplans besteht nicht.

Ergebnis: Die Klagen sind zulässig.

67

II. Begründetheit

Die Klagen des A sind begründet, wenn er **(1)** einen Anspruch auf Erlass eines Bebauungsplans bzw. **(2)** einen Anspruch auf die Baugenehmigung hat. Beide Ansprüche können auf derselben Grundlage basieren.

1. Anspruchsgrundlage

Als Anspruchsgrundlage kommt der zwischen A und G geschlossene Vertrag in Betracht. Ein Anspruch des A besteht aber nur, wenn der Vertrag auch wirksam war. Es bedarf für den Abschluss eines öffentlich-rechtlichen Vertrages, anders als für den Erlass eines Verwaltungsakts, keiner gesetzlichen Ermächtigungsgrundlage.

a) Rechtsnatur des Vertrages

Die Wirksamkeit des Vertrages richtet sich nach §§ 54 ff. VwVfG, wenn es sich bei dem Vertrag um einen öffentlich-rechtlichen Vertrag handelt. Dies ist, wie bereits im Rahmen der Eröffnung des Verwaltungsrechtswegs geprüft, der Fall. Die Wirksamkeit des Vertrages beurteilt sich daher nach den §§ 54 ff. VwVfG.

b) Formelle Rechtmäßigkeit

Der öffentlich-rechtliche Vertrag muss formell rechtmäßig sein. In Rechte Dritter wird nicht eingegriffen. Daher besteht kein Zustimmungserfordernis nach § 58 VwVfG.

Nach § 57 VwVfG bedarf ein öffentlich-rechtlicher Vertrag der Schriftform. Es müssen sich alle wesentlichen vereinbarten Regelungen nicht allein aus dem Wortlaut der Urkunde ergeben, sondern es dürfen auch außerhalb der Urkunde liegende Umstände herangezogen werden, wenn es gilt, Zweifel zu beheben. Vorliegend wurde der Vertrag zwischen G und A schriftlich geschlossen. Folglich ist der Vertrag formell rechtmäßig.

c) Materielle Rechtmäßigkeit

Der Vertrag müsste materiell wirksam sein.

aa) Zustandekommen

Der Vertrag ist wirksam durch Angebot und Annahme nach § 62 S. 2 VwVfG i.V.m. §§ 145 ff., 164 ff. BGB zustande gekommen.

bb) Zulässigkeit des Vertrages als Handlungsform hinsichtlich der Verpflichtung zur Aufstellung des Bebauungsplans

Die Verwaltung müsste in der Form des öffentlichen Vertrages handeln dürfen. Bezüglich der Verpflichtung zum Erlass eines Bebauungsplanes für das Gebiet des Fertigungswerks kommt ein Vertragsformverbot in Betracht. Dieses könnte sich aus § 1 III 2 BauGB ergeben. Danach besteht für die Aufstellung von Bauleitplänen und städtebaulichen Satzungen kein Anspruch, und ein Anspruch kann auch nicht durch Vertrag begründet werden. Vorliegend hat sich die Verwaltung allerdings zur Aufstellung eines Bebauungsplans verpflichtet. Der Wortlaut des § 1 III 2 BauGB ist zwar eindeutig, dennoch gibt es Stimmen, **die eine Verpflichtung einer Gemeinde zur Aufstellung von Bauleitplänen für wirksam halten.** § 1 III 2 BauGB sei einschränkend auszulegen und stelle nur klar, dass der Bürger keinen Rechtsanspruch auf die Aufstellung von Bauleitplänen habe. Die Gemeinde könne mit einem privaten Partner zusammenarbeiten, da der Bürger heute Partner des Staates sei. Diese Auffassung ist im Hinblick auf den klaren Gesetzeswortlaut abzulehnen. Der Bebauungsplan wird als Satzung beschlossen (§ 10 BauGB) und ist daher ein Gesetz im materiellen Sinn. Ein Anspruch auf Erlass von Gesetzen besteht nicht. Ferner führt eine Rechtspflicht zum Satzungserlass zu einer Verkürzung der Rechte der Beteiligten im Planaufstellungsverfahren.

Die Verpflichtung der Gemeinde zur Aufstellung des Bebauungsplans für das Gebiet des Fertigungswerks ist nach § 59 I VwVfG rechtswidrig. Fraglich ist, ob sie auch nichtig ist. Rechtswidrige öffentliche Verträge sind nur bei bestimmten qualifizierten, besonders schwerwiegenden Verstößen nichtig, die in § 59 VwVfG aufgezählt sind. Die Nichtigkeitsvorschriften des BGB gelten nach § 59 I VwVfG analog. Der Verstoß gegen § 1 III 2 BauGB ist ein Verstoß gegen ein gesetzliches Verbot nach § 134 BGB. Die Verpflichtung zur Aufstellung des Bebauungsplanes ist also nach § 59 I VwVfG i.V.m. § 134 BGB nichtig.

cc) Zulässigkeit des Vertrages als Handlungsform hinsichtlich der Verpflichtung zum Erlass der Baugenehmigung

Die Verpflichtung zum Erlass der Baugenehmigung für den Wohnkomplex könnte ebenfalls unwirksam sein. Es besteht zwar kein baurechtliches Verbot zur Verpflichtung zur Erteilung von Baugenehmigungen, es können aber besondere oder allgemeine Nichtigkeitsgründe vorliegen.

(1) Besondere Nichtigkeitsgründe

Der öffentlich-rechtliche Vertrag könnte nach § 59 II Nr. 1 VwVfG nichtig sein. Dazu müsste ein Verwaltungsakt mit entsprechendem Inhalt nach § 44 VwVfG nichtig sein. Folglich ist zu prüfen, ob der Erlass einer Baugenehmigung für die Werkswohnungen rechtswidrig wäre. Dazu enthält der Sachverhalt keine Anhaltspunkte. Eine Nichtigkeit nach § 44 VwVfG kann nur angenommen werden, wenn ein besonders schwerwiegender und offenkundiger Fehler vorliegt und dem Verwaltungsakt seine Nichtigkeit quasi „auf die Stirn geschrieben" wäre. Dies ist nicht der Fall.

Also ist der Vertrag nicht nach § 59 II Nr. 1 VwVfG nichtig.

(2) Allgemeine Nichtigkeitsgründe

Nach § 56 I VwVfG kann ein öffentlich-rechtlicher Austauschvertrag nur geschlossen werden, wenn die Gegenleistung für einen bestimmten Zweck im Vertrag vereinbart wird und der Behörde zur Erfüllung ihrer öffentlichen Aufgaben dient. Die Gegenleistung muss den gesamten Umständen nach angemessen sein und im sachlichen Zusammenhang mit der vertraglichen Leistung der Behörde stehen.

(a) Subordinationsrechtlicher Vertrag

§ 56 VwVfG ist allerdings nur auf Verträge im Sinne des § 54 S. 2 VwVfG anwendbar (sog. subordinationsrechtliche Verträge). Ein Vertrag im Sinne des § 54 S. 2 VwVfG liegt vor, wenn die Behörde statt durch den Abschluss eines öffentlich-rechtlichen Vertrages durch Verwaltungsakt hätte handeln können. Ihrem Wortlaut nach erfasst die Vorschrift nur Verträge, die an die Stelle eines ansonsten zu erlassenden Verwaltungsaktes treten. Danach wäre der vorliegende Vertrag zwischen G und A nicht erfasst, weil er die Baugenehmigung nicht ersetzt, sondern nur eine Verpflichtung zu deren Erlass begründet. Nach dem Schutzzweck der Norm schließt § 54 S. 1 VwVfG allerdings auch Verträge über die Verpflichtung zum Erlass von Verwaltungsakten ein. G hat sich gegenüber A verpflichtet, eine Baugenehmigung zu erlassen. G hätte gegenüber A insoweit auch durch Verwaltungsakt handeln können. Folglich liegt ein subordinationsrechtlicher Vertrag im Sinne des § 54 S. 2 VwVfG vor, dessen Wirksamkeit nach § 56 I VwVfG beurteilt werden kann.

(b) Konkrete Zweckbestimmung

Die Gegenleistung nach § 56 I VwVfG in Form der Geldzahlung von 2 Millionen Euro ist konkret für einen bestimmten Zweck, nämlich den Erlass der Baugenehmigung, vereinbart worden.

(c) Erfüllung öffentlicher Aufgaben

Die Gegenleistung dient der Finanzierung von Schulen und Kindergärten, also der Erfüllung öffentlicher Aufgaben.

(d) Angemessenheit

Die Gegenleistung muss angemessen sein. Es ist keine Gleichwertigkeit der Leistungen erforderlich, aber doch eine Angemessenheit im Sinne einer Ausgewogenheit. Bei wirtschaftlicher Betrachtung des Gesamtvorganges darf die Gegenleistung nicht außer Verhältnis zur Bedeutung der von der Behörde zu erbringenden Leistung stehen. 2 Millionen Euro sind zwar viel Geld, angesichts des Ausmaßes des geplanten Projektes hält sich die Summe aber im Rahmen.

(e) Sachlicher Zusammenhang

Die Gegenleistung steht auch im sachlichen Zusammenhang mit der Leistung der Behörde. Mit dem Geld sollen schließlich Schulen und Kindergärten errichtet werden.

Ermessensfehler oder Grundrechtsverstöße sind nicht zu erkennen. Die Verpflichtung zur Erteilung der Baugenehmigung ist wirksam.

2. Rechtsfolgen

Fraglich ist, wie sich die Nichtigkeit der Verpflichtung zur Aufstellung des Bebauungsplans auf den gesamten Vertrag auswirkt. Nach 59 III VwVfG ist ein Vertrag, von dem nur ein Teil nichtig ist, im Ganzen nichtig, wenn nicht anzunehmen ist, dass er auch ohne den nichtigen Teil geschlossen worden wäre. Die Errichtung eines Wohngebäudes ohne die Möglichkeit der Errichtung des Fertigungswerkes ergibt keinen Sinn. Folglich ist der gesamte Vertrag nichtig.

Ergebnis: Die Klage des A hat keinen Erfolg.

Sachverhalt

Aufgrund der eisigen Kälte im letzten Januar wurde der Arbeitslose A in ein Obdachlosenheim verbracht. Er lebte dort bis Ende April. Kurze Zeit später macht das zuständige Amt gegenüber A Benutzungsgebühren nach einer Gebührenordnung in Höhe von 100 Euro monatlich geltend. Die Gebühren belaufen sich auf insgesamt 400 Euro. A zahlt, und der Bescheid wird bestandskräftig. Nun erfährt er von seinem Obdachlosenfreund F, dass dieser erfolgreich gegen den Zahlungsbescheid geklagt hatte. Grund war die mangelnde ordnungsgemäße Bekanntgabe der Gebührenordnung. Insoweit war die Gebührenordnung formell rechtswidrig. Ein daraufhin gestellter Antrag des A auf Aufhebung des Bescheids und Rückzahlung der 400 Euro wird jedoch mit dem Argument zurückgewiesen, er habe schließlich tatsächlich Leistungen erhalten und einen Vorteil erlangt. Was kann A tun? Prüfen Sie ggf. im Hilfsgutachten!

Hinweis: Normen der ZPO spielen für die Lösung keine Rolle.

Lösung

Erster Teil: Aufhebung des Bescheids

A könnte einer mit Klage auf Aufhebung des Bescheids Erfolg haben. Diese müsste zulässig und begründet sein.

I. Zulässigkeit

1. Verwaltungsrechtsweg

Zunächst müsste der Verwaltungsrechtsweg nach § 40 I 1 VwGO eröffnet sein. Eine Spezialzuweisung besteht nicht. Es müsste eine öffentlich-rechtliche Streitigkeit nichtverfassungsrechtlicher Art vorliegen. Dabei ist auf das streitige Rechtsverhältnis abzustellen. Öffentlich-rechtlich ist dies immer, wenn es auf einer Norm beruht, die dem öffentlichen Recht zuzuordnen ist. Hier wendet sich A gegen den Gebührenbescheid, der aufgehoben werden soll. Dies richtet sich nach § 48 VwVfG oder § 51 VwVfG. Somit ist der Streit nach einer Rechtsnorm des öffentlichen Rechts zu entscheiden. Weiterhin liegt keine doppelte Verfassungsunmittelbarkeit vor, weswegen der Streit nicht verfassungsrechtlicher Art ist. Folglich ist der Verwaltungsrechtsweg nach § 40 I 1 VwGO gegeben.

2. Statthafte Klageart

Die statthafte Klageart richtet sich nach dem Klagebegehren, wie es sich nach verständiger Würdigung der Sach- und Rechtslage darstellt, §§ 82, 86 I 2, 88 VwGO.

a) A begehrt die Aufhebung des Gebührenbescheids. In Betracht kommt zunächst eine **Anfechtungsklage** nach § 42 I Var. 1 VwGO. Allerdings ist der Gebührenbescheid bestandskräftig. Er kann folglich nicht mehr angefochten werden. Eine Anfechtungsklage nach § 42 I Var. 1 VwGO scheidet aus.

b) Es kommt eine **Verpflichtungsklage** nach § 42 I Var. 2 VwGO in Betracht. Die einzige Möglichkeit, einen bereits bestandskräftigen Verwaltungsakt wieder aufzuheben, ist der Erlass eines aufhebenden Verwaltungsakts nach §§ 51 I oder 51 V i.V.m. 48 I VwVfG. Folglich ist die Verpflichtungsklage die richtige Klageart.

3. Klagebefugnis

Weiterhin müsste A für die Klagebefugnis nach § 42 II VwGO darlegen, dass er einen Anspruch auf Aufhebung des Gebührenbescheids hat. Dieser könnte sich aus § 48 VwVfG ergeben. Insofern ist ein Anspruch des A nicht völlig ausgeschlossen. Damit ist A nach § 42 II VwGO klagebefugt.

4. Beteiligtenfähigkeit

A ist als natürliche Person nach § 61 Nr. 1 VwGO beteiligtenfähig und gemäß § 62 I Nr. 1 VwGO prozessfähig.

5. Klagegegner

Nach § 78 I ist der Rechtsträger der handelnden Behörde Klagegegner.

6. Vorverfahren

Vor Klageerhebung muss bei der Verpflichtungsklage ein Vorverfahren nach §§ 68 I 1, 69 VwGO stattgefunden haben. Dieses Vorverfahren erfolgt durch einen Widerspruch. Der Begriff „Widerspruch" muss nicht fallen, wenn das Begehren als solcher ausgelegt werden kann. Ein solcher Widerspruch liegt hier in dem Antrag des A auf Rückzahlung der 400 Euro. Dieser ist dahingehend auszulegen, dass auch dem zugrunde liegenden Bescheid widersprochen wird. Folglich hat das notwendige Vorverfahren stattgefunden.

Ergebnis: Die Klage ist als Verpflichtungsklage nach § 42 I Var. 2 VwGO zulässig.

II. Begründetheit

Die Verpflichtungsklage ist nach § 113 V 1 VwGO begründet, wenn A einen Anspruch auf Aufhebung des Gebührenbescheides hat.

1. Anspruch aus § 51 I VwVfG

Ein Anspruch könnte sich aus § 51 I VwVfG ergeben. Danach kann unter bestimmten Voraussetzungen das Verfahren wieder aufgegriffen werden. **Wiederaufnahme des Verfahrens** bedeutet, dass die Behörde ein bereits mit unanfechtbarem Verwaltungsakt abgeschlossenes Verfahren neu eröffnet, um die Sache inhaltlich noch einmal zu prüfen und möglicherweise auch abweichend, das heißt unter Aufhebung des unanfechtbaren Verwaltungsakts, neu zu entscheiden. Ein Wiederaufgreifen des Verfahrens dient somit der Überwindung der durch Unanfechtbarkeit ausgelösten Bestandskraft des Verwaltungsaktes.

a) Zulässigkeit des Antrags

Der Antrag nach § 51 VwVfG müsste zulässig sein.

(1) A hat einen entsprechenden Antrag gegen einen unanfechtbaren Verwaltungsakt (§ 51 I VwVfG) gestellt.
(2) A müsste antragsbefugt sein. Er kann geltend machen, dass er durch den Verwaltungsakt, dessen Aufhebung bzw. Änderung er begehrt, in seinen Rechten verletzt ist. Diese geltend gemachte Rechtsverletzung erscheint analog § 42 II VwGO zumindest als möglich. Folglich ist A antragsbefugt.

(3) Weiterhin müsste A ohne grobes Verschulden außerstande gewesen sein, den Wiederaufgreifensgrund in einem früheren Verfahren, insbesondere durch einen Rechtsbehelf, geltend zu machen (§ 51 II VwVfG). Grobes Verschulden liegt vor, wenn die im Verkehr erforderliche Sorgfalt in besonders schwerwiegender Weise außer Acht gelassen wird. Dafür gibt es hier keine Erkenntnisse. A kannte die mangelhafte Bekanntgabe nicht.

(4) Schließlich müsste A den Antrag auch innerhalb von drei Monaten nach Kenntnis vom Wiederaufgreifensgrund, § 51 III VwVfG, stellen.

Damit wäre der Antrag zulässig.

b) Begründetheit des Antrags

Fraglich ist, ob der Antrag begründet wäre. Dazu müsste ein Wiederaufnahmegrund von § 51 I Nr. 1-3 VwVfG gegeben sein. In Betracht kommt nur § 51 I Nr.1 VwVfG, da laut Bearbeitervermerk Normen der ZPO keine Rolle spielen (Nr. 3) und keine neuen Beweismittel vorliegen (Nr. 2), Nach § 51 I Nr.1 VwVfG müsste sich die dem Verwaltungsakt zugrunde liegende Sach- oder Rechtslage nachträglich zugunsten des Betroffenen geändert haben. Die Rechtslage hat sich möglicherweise nicht geändert. Die Gebührenordnung war von Anfang an rechtswidrig. Die erfolgreiche Klage des F ändert an der Rechtslage nichts, sondern bestätigt diese nur. Folglich ist keine Änderung der Rechtslage nach § 51 I Nr. 1 VwVfG gegeben.

Folglich ergibt sich kein Anspruch des A aus § 51 I VwVfG.

2. Anspruch aus § 48 I VwVfG

Ein Anspruch könnte sich aus § 48 I VwVfG ergeben. Danach kann unter bestimmten Voraussetzungen ein belastender rechtswidriger Verwaltungsakt, auch nachdem er unanfechtbar (= bestandskräftig) geworden ist, mit Wirkung für die Vergangenheit zurückgenommen werden. Diese Norm steht zwar primär im öffentlichen Interesse, räumt aber auf der Rechtsfolgenseite Ermessen ein. Der Einzelne hat ein subjektives öffentliches Recht auf ermessensfehlerfreie Entscheidung.

a) Tatbestand

Zunächst müsste ein rechtswidriger belastender Verwaltungsakt vorliegen. Der Gebührenbescheid erfolgte aufgrund der Gebührenordnung, die nicht formell rechtmäßig war, und ist daher rechtswidrig. Der Bescheid fordert von A die Zahlung und ist damit belastend. Folglich ist ein rechtswidriger belastender Verwaltungsakt gegeben.

b) Rechtsfolge

§ 48 I 1 VwVfG gewährt Ermessen. Also hat A keinen Anspruch auf Rücknahme des Verwaltungsaktes, sondern nur auf ermessensfehlerfreie Entscheidung. Eine Reduzierung des Ermessens auf Null kommt nur in Betracht, wenn es schlechthin unerträglich wäre, den Bescheid aufrecht zu erhalten. A hat die Obdachlosenunterkunft benutzt, die Gebührenordnung war nur aus formellen Gründen unwirksam. Eine Unerträglichkeit höheren Maßes ist damit nicht anzunehmen. Würde der Gebührenbescheid aufgehoben, so widerspräche dieses Ergebnis der materiellen Gerechtigkeit mehr als die

Aufrechterhaltung des Gebührenbescheides. Damit ist die Entscheidung lediglich auf Ermessensfehler nach § 114 VwGO zu überprüfen. Solche Ermessensfehler sind nicht ersichtlich.

Damit ergibt sich auch kein Anspruch aus § 48 I 1 VwVfG.

Ergebnis: Eine Verpflichtungsklage nach § 42 I Var. 2 VwGO wäre zulässig, aber nicht begründet.

Zweiter Teil: Rückzahlung der 400 Euro
[Hilfsgutachten für den Fall der Aufhebung des Bescheids]
A könnte auf Rückzahlung der 400 Euro erfolgreich klagen. Diese Klage müsste zulässig und begründet sein.

I. Zulässigkeit
Die Klage ist zulässig, wenn die Sachentscheidungsvoraussetzungen gegeben sind.

1. Verwaltungsrechtsweg
Zunächst müsste der Verwaltungsrechtsweg nach § 40 I 1 VwGO eröffnet sein. Eine Spezialzuweisung besteht nicht. Es müsste eine öffentlich-rechtliche Streitigkeit nichtverfassungsrechtlicher Art vorliegen. Dabei ist auf das streitige Rechtsverhältnis abzustellen. A verlangt die Rückzahlung seiner gezahlten Gebühren. Anspruchsgrundlage ist dafür der öffentlich-rechtliche Erstattungsanspruch (vgl. dazu ausführlich Zenthöfer: Juristischer Grundkurs Staatshaftungsrecht). Somit ist der Streit nach einem Rechtsinstitut des öffentlichen Rechts zu entscheiden. Weiterhin liegt keine doppelte Verfassungsunmittelbarkeit vor, weswegen der Streit nicht verfassungsrechtlicher Art ist. Folglich ist der Verwaltungsrechtsweg nach § 40 I 1 VwGO gegeben.

2. Statthafte Klageart
Die statthafte Klageart richtet sich nach dem Klagebegehren, wie es sich nach verständiger Würdigung der Sach- und Rechtslage darstellt, §§ 82, 86 III, 88 VwGO. In Betracht kommt die allgemeine Leistungsklage. A strebt kein Handeln der Verwaltung an, welches einen Verwaltungsakt darstellt. Er will vielmehr eine konkrete Leistung erhalten, nämlich die Rückzahlung des Geldes. Dies ist schlichtes Verwaltungshandeln. Folglich ist die allgemeine Leistungsklage die statthafte Klageart.

3. Klagebefugnis

Weiterhin müsste A für die Klagebefugnis darlegen, dass er nach § 42 II VwGO analog einen Anspruch auf die Leistung hat. A macht eigene Vermögensinteressen geltend und könnte daher einen Anspruch nach § 42 II VwGO analog haben. Er ist klagebefugt.

Ergebnis: Die Klage ist als allgemeine Leistungsklage zulässig.

II. Begründetheit

Die Leistungsklage ist begründet, wenn A einen Anspruch auf Rückzahlung der 400 Euro hat.

1. Anspruch aus öffentlich-rechtlichem Erstattungsanspruch.

Als Anspruchsgrundlage kommt ein öffentlich-rechtlicher Erstattungsanspruch, der gewohnheitsrechtlich anerkannt ist und früher aus einer Analogie von §§ 812 ff. BGB hergeleitet wurde, in Betracht.

a) Zunächst muss eine **Vermögensverschiebung** zwischen zwei Rechtssubjekten vorliegen. Dazu bedarf es einer Entreicherung auf der einen und einer Bereicherung auf der anderen Seite. A ist durch die Zahlung der 400 Euro entreichert, während die Verwaltung um den gleichen Betrag bereichert wurde. Damit liegt eine Vermögensverschiebung vor.

b) Es handelt sich um eine Vermögensverschiebung im Bereich der Leistungsverwaltung. Sie ist damit dem öffentlichen Recht zugehörig.

c) Es dürfte **keinen rechtlichen Grund** für die Vermögensverschiebung geben. Bei einem Verwaltungsakt als Rechtsgrund ist auf diesen, nicht auf das zugrunde liegende Gesetz abzustellen. Entscheidend ist die Wirksamkeit des VA, nicht dessen Rechtmäßigkeit. Auch ein rechtswidriger Verwaltungsakt kann wirksam sein (vgl. § 44 VwVfG). Der Erstattungsanspruch greift daher bei Leistungen, die auf Grund eines Verwaltungsaktes erbracht wurden, nur durch, wenn der Verwaltungsakt vorher aufgehoben worden ist. Dies ist hier der Fall. Damit liegt kein rechtlicher Grund für die Vermögensverschiebung vor.

2. Ergebnis: Die allgemeine Leistungsklage des A auf Erstattung in Form von Rückzahlung der 400 Euro wäre begründet.

I. Zulässigkeit

1. Eröffnung des Verwaltungsrechtsweges, § 40 VwGO
(An manchen Universitäten ist dies ein eigener Prüfungspunkt vor der Zulässigkeit.)

2. Beteiligten-, Prozess- und Postulationsfähigkeit, §§ 61, 62, 67 VwGO

3. Statthafte Klageart (richtet sich nach Klagebegehren: §§ 82, 86 II, 88 VwGO), vorausgesetzt in §§ 40, 43 II 1, 111 VwGO
Mit dieser Klage können Handlungen und Unterlassungen begehrt werden.

a) Kläger begehrt ein Handeln (= Leistungsvornahmeklage)
→ Zahlung aufgrund vermögensrechtlicher Ansprüche von Beamten und Richtern,
→ Zahlung aufgrund von Erstattungsansprüchen,
→ Beseitigung der Folgen eines rechtswidrigen Verwaltungsaktes,
→ Informationshandlungen wie Auskünfte und „Wissenserklärungen",
→ Widerruf amtlicher Äußerungen.

b) Kläger begehrt ein Unterlassen (= Unterlassungsklage)
→ Unterlassung oder Beendigung einer Störung,
→ Unterlassung des Erlasses eines drohenden Verwaltungsaktes, aber:
Hier bedarf es aber eines qualifizierten Rechtsschutzbedürfnisses (BVerwGE 40, 326): „Für vorbeugenden Rechtsschutz ist kein Raum, wo und solange der Betroffene zumutbarerweise auf den von der VwGO als grundsätzlich angemessenen und ausreichenden nachträglichen Rechtsschutz verwiesen werden kann."
Dies ist nicht der Fall (= Klage zulässig), wenn der drohende VA straf- oder bußgeldbewehrt ist oder wenn durch den Erlass des VAes vollendete Tatsachen geschaffen werden, z.B. ist die beamtenrechtliche Ernennung später nicht mehr anfechtbar wegen des derzeit noch geltenden Grundsatzes der „Ämterstabilität".

4. Klagebefugnis, § 42 II VwGO analog
Der Kläger muss geltend machen, durch das Handeln der Verwaltung in seinen Rechten verletzt zu sein (§ 42 II VwGO analog; h.M., da VwGO Popularklagen grundsätzlich ausschließt).

5. Sachlicher Streitgegner, § 78 VwGO analog

Ist die Behörde, von der ein Tun, Dulden oder Unterlassen gefordert wird.

6. Allgemeines Rechtsschutzbedürfnis: Kläger kann sein Recht nicht effektiver durchsetzen.

II. Begründetheit

Die Klage auf eine Leistung (kein VA) oder ein Unterlassen ist begründet, wenn der Kläger einen Anspruch auf die begehrte Leistung oder das Unterlassen hat.

1.a) Benennung der Anspruchsgrundlage bei Leistung

Anspruch auf die Leistung oder das Unterlassen kann sich ergeben aus: Gesetzen (z.B. Folgenbeseitigungsanspruch oder öffentlich-rechtlicher Erstattungsanspruch), begünstigendem Verwaltungsakt (z.B. VA spricht Partei Stadthalle zu, dann wird die Schlüsselübergabe verweigert), schriftlicher Zusage (Selbstverpflichtung, nur bei Bindungswillen, nicht bei Auskünften), öffentlich-rechtlicher Vertrag, in dem sich die Behörde zur Handlung verpflichtet hat.

1.b) Benennung der Anspruchsgrundlage bei Unterlassung

Anspruch auf das Unterlassen aus Grundrechten (a.A.: §§ 1004, 906 BGB analog), wenn eine Beeinträchtigung subjektiver Rechte durch (bevorstehendes) hoheitliches Handeln droht und der Kläger nicht zur Duldung verpflichtet ist. Beeinträchtigungen können sich ergeben aus: Immissionen (z.B. Spielplatz) und rufschädigenden Äußerungen (z.B. Warnungen vor Lebensmitteln oder Jugendsekten).

Ein Kläger kann aber zur Duldung eines solchen Eingriffs verpflichtet sein, wenn sich entsprechendes ergibt aus: VA (z.B. bei bestandskräftig genehmigten Anlagen nach § 14 BImSchG), öffentlich-rechtlicher Vertrag (z.B. wenn sich Bürger zu Duldung der Immission vertraglich verpflichtet hat), Rechtsvorschriften (z.B. BImSchG oder TA Lärm oder § 906 BGB analog / bei Warnungen vor Lebensmitteln aus Geräte- und Produktsicherheitsgesetz).

Rechtsfolge: Leistungsurteil bei „Spruchreife" (Behörde kann keine andere Entscheidung treffen, da das Ermessen auf Null reduziert ist), ansonsten Bescheidungsurteil.

Sachverhalt

Die „Partei für nationale Identität und internationale Solidarität" (PIS), ein Sammelbecken enttäuschter Rechts- und Linksradikaler, will ihren Bundesparteitag in der Landeshauptstadt S des Bundeslandes B abhalten. Zu diesem Zweck beantragt der in der S beheimatete Landesverband die mietweise Überlassung der Stadthalle. Die Stadthalle wird von einer GmbH betrieben, die zu 60 % der S gehört. Auch andere Parteien hatten dort bereits Parteitage abgehalten. S lehnt die Überlassung der Halle an die PIS ab. Zum einen sei die Partei in einer „diffusen Gemengelage sowohl rechtsextremistisch als auch linksradikal, auf jeden Fall aber gegen das Grundgesetz gerichtet", zum anderen sei mit Ausschreitungen zu rechnen. Ohne sich noch einmal an die S zu wenden, reicht die PIS Klage ein. Sie will erreichen, dass sie ihren Parteitag in der Halle abhalten kann. In ihrer Klageerwiderung meint S unter anderem, dass nicht sie der richtige Beklagte sei, sondern die GmbH, die die Stadthalle betreibt.

Wird die Klage Erfolg haben?

Gemeindeordnung (GO) des Bundeslandes B
§ 14: „Alle Einwohner der Gemeinde sind im Rahmen des geltenden Rechts berechtigt, die öffentlichen Einrichtungen der Gemeinde zu benutzen und verpflichtet, die Lasten zu tragen, die sich aus ihrer Zugehörigkeit zu der Gemeinde ergeben. Diese Vorschriften gelten entsprechend für juristische Personen und Personenvereinigungen."

Lösung
Die Klage der PIS wird Erfolg haben, wenn sie zulässig und begründet ist.

I. Zulässigkeit

1. Verwaltungsrechtsweg[9]
Zunächst müsste der Verwaltungsrechtsweg nach § 40 I 1 VwGO eröffnet sein. Eine Spezialzuweisung besteht nicht.

---

[9] In diesem Fall sind ausnahmsweise breite Erläuterungen zum Verwaltungsrechtsweg notwendig!

a) Es müsste eine öffentlich-rechtliche Streitigkeit nichtverfassungsrechtlicher Art vorliegen. Dabei ist auf das streitige Rechtsverhältnis abzustellen. Problematisch ist hier, dass die Stadthalle als GmbH, mithin einer Rechtsform des Privatrechts, betrieben wird. Zwar strebt die PIS die Nutzung der Stadthalle aufgrund von § 14 GO oder § 5 I 1 PartG, und damit einer Norm des öffentlichen Rechts, an. Darüber hinaus möchte sie aber auch einen Mietvertrag mit der GmbH nach §§ 535 ff. BGB abschließen. Folglich kommen für das Streitverhältnis sowohl Normen des öffentlichen Rechts als auch des Privatrechts in Betracht.

b) Der PIS kommt es darauf an, die Stadthalle überhaupt nutzen zu können. Gerade dieser Zugang wird ihr von der S versagt. Ein genereller Zugang ist dem Abschluss eines Mietvertrages vorgeschaltet, man könnte sagen, es ist die erste Stufe, während der privatrechtliche Mietvertrag eine zweite Stufe darstellt **(sog. Zwei-Stufen-Theorie).** Ein einheitlicher Sachverhalt kann sowohl privatrechtliche als auch öffentlich-rechtliche Bestandteile aufweisen. **Es ist zwischen dem „Ob" und dem „Wie" der Regelung zu unterscheiden.** Die Entscheidung über das „Ob" der Leistung ergeht vorliegend aufgrund einer öffentlich-rechtlichen Norm (§ 14 GO), die Abwicklung des Leistungs-verhältnisses (das „Wie") erfolgt durch privatrechtlichen Vertrag. Hier ist somit der Verwaltungsrechtsweg für Streitigkeiten gegeben, die der ersten Stufe zuzuordnen sind.

c) Fraglich ist, ob der Umstand, dass die Stadthalle nicht von S, sondern einer GmbH betrieben wird, einem Anspruch aus § 14 GO entgegensteht und damit nicht dem öffentlichen Recht zuzuordnen ist. Maßgebend ist, ob es sich bei der Stadthalle um **eine öffentliche Einrichtung der Gemeinde im Sinne von § 14 S. 1 GO** handelt. Eine öffentliche Einrichtung der Gemeinde ist jede Einrichtung der Daseinsvorsorge und Daseinsfürsorge, die von der Gebietskörperschaft durch **Widmung** im gemeinnützigen Interesse unterhalten wird. Gleichgültig ist, in welcher Rechtsform sie betrieben wird. Entscheidend ist vielmehr, ob die Gemeinde die öffentliche Zweckbindung der Einrichtung nötigenfalls gegenüber einer privatrechtlichen GmbH durchsetzen kann. S besitzt 60 % der Anteile an der GmbH und ist daher Mehrheitsgesellschafterin. Sie kann deshalb auf die GmbH ungehindert einwirken und einen Zulassungsanspruch durchsetzen. Folglich kann sie sich nicht durch die Wahl einer privaten Rechts- und Organisationsform dem öffentlichen Benutzungsanspruch entziehen.

Der Verwaltungsrechtsweg nach § 40 I 1 VwGO ist eröffnet.

2. Statthafte Klageart

Die statthafte Klageart richtet sich nach dem Klagebegehren, wie es sich nach verständiger Würdigung der Sach- und Rechtslage darstellt, §§ 82, 86 II, 88 VwGO. Die PIS begehrt, dass S auf die GmbH in der Weise einwirkt, ihr die Stadthalle zur Verfügung zu stellen. Mit dieser Einwirkung wird eine Leistung verlangt, die mangels Außenwirkung keinen Verwaltungsakt darstellt. Folglich ist eine allgemeine Leistungsklage die statthafte Klageart.

3. Klagebefugnis

Weiterhin müsste die PIS klagebefugt sein. Sie könnte durch die Verweigerung der Zurverfügungstellung der Stadthalle in eigenen Rechten nach § 42 II VwGO verletzt sein. Die PIS ist Adressatin des Verwaltungshandelns und damit möglicherweise in einem Anspruch aus § 14 GO oder § 5 I 1 PartG verletzt. Damit ist die PIS klagebefugt.

4. Beteiligten- und Prozessfähigkeit

Der Landesverband der PIS könnte als Vereinigung nach § 61 Nr. 2 VwGO i.V.m. § 3 I 1 PartG beteiligtenfähig sein. „Vereinigungen" im Sinne des § 61 Nr. 2 VwGO sind beteiligungsfähig, soweit ihnen ein Recht zustehen kann. Nach § 3 I 1 PartG kann die Partei unter ihrem Namen klagen und verklagt werden. Gleiches gilt nach § 3 I 2 PartG für ihre Gebietsverbände der jeweils höchsten Stufe. Der Landesverband ist ein Gebietsverband der höchsten Stufe. Folglich ist er beteiligtenfähig. Für die Prozessfähigkeit muss sich die Partei durch den Vorsitzenden, § 62 III VwGO, §§ 8 I, 11 III PartG, vertreten lassen.

5. Klagegegner

Nach § 78 I ist der Rechtsträger der handelnden Behörde Klagegegner, also vorliegend die Stadt S.

Ergebnis: Die Klage ist als allgemeine Leistungsklage zulässig.

II. Begründetheit

Die Leistungsklage ist begründet, wenn die PIS einen Anspruch auf Überlassung der Stadthalle hat.

1. Anspruch aus § 5 I 1 PartG

Ein Anspruch der PIS könnte sich aus § 5 I 1 PartG ergeben. Danach sollen alle Parteien gleichbehandelt werden, wenn ein Träger öffentlicher Gewalt den Parteien Einrichtungen zur Verfügung stellt. § 5 I 1 PartG setzt aber voraus, dass die Gewährung der Einrichtung freiwillig, kraft Selbstbindung oder aufgrund einer anderen Vorschrift erfolgt. Es handelt sich nicht um eine Anspruchsgrundlage, vielmehr regelt die Norm spezialgesetzlich die Anwendung des Gleichheitsgrundsatzes. Folglich ergibt sich kein Anspruch der PIS aus § 5 I 1 PartG.

2. Anspruch aus § 14 GO

Ein Anspruch könnte sich aus § 14 GO des Bundeslandes B ergeben. Nach dieser Vorschrift sind die Einwohner der Gemeinde im Rahmen des geltenden Rechts berechtigt, die öffentlichen Einrichtungen der Gemeinde zu benutzen. Nach Satz 2 dieser Norm können auch juristische Personen und Personenvereinigungen dieses Recht geltend machen.

Parteien haben als Vereinigungen also grundsätzlich einen Anspruch auf Zulassung zu öffentlichen Einrichtungen **im Rahmen des Widmungszwecks**. Selbst wenn eine Spezialnorm wie § 14 GO nicht existieren würde, könnte sich ein Zugangsanspruch aus Art. 3 GG in Verbindung mit der Widmung der Einrichtung ergeben.

Im Rahmen des Widmungszwecks haben Parteien das Recht, die Stadthalle zu benutzen. In der Stadthalle wurden bereits Parteitage anderer Parteien abgehalten. Folglich ist die Halle für Parteien zugänglich gemacht worden. Das Abhalten eines Parteitages in der Halle ist daher vom Widmungszweck erfasst. § 5 I 1 PartG regelt, dass alle Parteien gleichbehandelt werden sollen, wenn ein Träger öffentlicher Gewalt den Parteien Einrichtungen zur Verfügung stellt. Andere Parteien haben ihre Parteitage in der Halle abhalten dürfen. Eine Versagung ist daher aufgrund des Gleichbehandlungsgebotes aus § 5 I 1 PartG nur gerechtfertigt, wenn sachliche Gründe vorliegen. Der **Zulassungsanspruch** wird durch die vorhandenen Kapazitäten begrenzt. Vorliegend ist die Halle an dem durch die PIS angefragten Termin noch frei. Es bestehen keine Kapazitätsprobleme. Ferner bestehen auch keine konkreten Hinweise auf drohende Gewalttaten. Die **bloße Möglichkeit von Ausschreitungen reicht nicht aus**, um einen sachlichen Grund für die Versagung darzustellen. Fraglich ist, ob der Zugang versagt werden kann, weil sich die PIS gegen das Grundgesetz richte. Nach Art. 21 III GG hat das Bundesverfassungsgericht das alleinige sog. **Verbotsprivileg**, also die Befugnis, Parteien zu verbieten. Bis zu einem Verbot kann der Partei daher nicht entgegengehalten werden, sie richte sich gegen die freiheitlich demokratische Grundordnung.

Nach alledem besteht ein Zugangsanspruch der PIS aus §14 GO.

Ergebnis: Die zulässige Klage der PIS ist auch begründet.

Sachverhalt

Auf dem Marktplatz von Greifswald soll ein Brunnen entstehen, der die Geschichte der Stadt zeigt. Beauftragt wird der Künstler K. Das hat der Stadtrat mit den Stimmen von CDU und SPD beschlossen. Die Fraktion der Linkspartei.PDS und ihr Vorsitzender A, der seit 30 Jahren Mitglied seiner Partei ist, wandten sich gegen den Vorschlag. Als der Brunnen einige Zeit später eingeweiht wird, findet sich eine Reliefplatte auch zur Rolle der Staatssicherheit in der DDR. Auf dem Bild ist ein Mann zu sehen, der nach seinen Gesichtszügen und der Haartracht A unzweifelhaft nachgebildet ist und der eine Oppositionelle in einer Gefängniszelle mit Elektroschocks foltert. Darunter steht: „Zwischen 1955 und 1989 folterte die Staatssicherheit der DDR in Greifswald mehrere tausend Menschen." A, der immer wieder auf den Brunnen angesprochen wird, klagt nach einem Jahr auf Beseitigung der Reliefplatte. Er sieht seine Persönlichkeit verletzt. Die Stadt Greifswald erwidert, dass sie die Platte wegen des Urheberrechts des K nicht entfernen könne. Zudem sei der Brunnen gewidmet. Diese Widmung sei inzwischen unanfechtbar. Wie ist die Rechtslage?

§ 14 Urheberrechtsgesetz (UrhG)

„Der Urheber hat das Recht, eine Entstellung oder eine andere Beeinträchtigung seines Werkes zu verbieten, die geeignet ist, seine berechtigten geistigen oder persönlichen Interessen am Werk zu gefährden."

Lösung

A könnte mit einer Klage auf Entfernung des Reliefs Erfolg haben, wenn diese zulässig und begründet ist.

I. Zulässigkeit

1. Verwaltungsrechtsweg

Zunächst müsste der Verwaltungsrechtsweg nach § 40 I 1 VwGO eröffnet sein. Eine Spezialzuweisung besteht nicht. Es müsste eine öffentlich-rechtliche Streitigkeit nichtverfassungsrechtlicher Art vorliegen. Dabei ist auf das streitige Rechtsverhältnis abzustellen. A verlangt die Entfernung des Reliefs auf einem Brunnen. Dieser Brunnen ist durch einen Widmungsakt der Öffentlichkeit übergeben worden. Durch die Widmung von Einrichtungen wird einseitig deren öffentlich-rechtliche Eigenschaft begründet. Somit ist der Streit nach öffentlichem Recht zu entscheiden. Weiterhin liegt keine doppelte Verfassungsunmittelbarkeit vor, weswegen der Streit nicht verfassungsrechtlicher Art ist. Folglich ist der Verwaltungsrechtsweg nach § 40 I 1 VwGO gegeben.

2. Statthafte Klageart

Die statthafte Klageart richtet sich nach dem Klagebegehren, wie es sich nach verständiger Würdigung der Sach- und Rechtslage darstellt, §§ 82, 86 II, 88 VwGO. In Betracht kommt die allgemeine Leistungsklage. A strebt ein Handeln der Verwaltung an, welches **keinen Verwaltungsakt** darstellt. Er will vielmehr die Entfernung des Reliefs bewirken, also eine **konkrete Leistung** erhalten. Dies ist schlichtes Verwaltungshandeln. Folglich ist die allgemeine Leistungsklage die statthafte Klageart.

3. Klagebefugnis

Weiterhin müsste A für die Klagebefugnis darlegen, dass er nach § 42 II VwGO analog einen Anspruch auf die Leistung hat. A macht eigene Persönlichkeitsinteressen gemäß Art. 2 I i.V.m. 1 I GG geltend und könnte daher einen Anspruch nach § 42 II VwGO analog haben. Er ist klagebefugt.

4. Beteiligten- und Prozessfähigkeit

A ist als natürliche Person nach § 61 Nr. 1 VwGO beteiligtenfähig und gemäß § 62 I Nr. 1 VwGO prozessfähig.

5. Klagegegner

Nach § 78 I ist der Rechtsträger der handelnden Behörde Klagegegner, also vorliegend die Stadt Greifswald.

Ergebnis: Die Klage ist als allgemeine Leistungsklage zulässig.

II. Begründetheit

Die Leistungsklage ist begründet, wenn A einen Anspruch auf Entfernung der Reliefplatte hat. Es kommt ein Folgenbeseitigungsanspruch (FBA) in Betracht.

1. Anspruchsgrundlage

Die materiell-rechtliche Grundlage dieses Anspruchs ist umstritten. Nach einer Ansicht leitet sie sich aus §§ 1004, 12, 862 BGB analog ab, nach anderen Meinungen aus dem Rechtsstaatsprinzip und den Grundrechten. Allerdings kommen alle Ansichten zu dem Ergebnis, dass ein FBA existiert, weswegen eine Streitentscheidung unterbleiben kann.

2. Hoheitlicher Eingriff

Zunächst müsste ein hoheitlicher Eingriff vorliegen. Möglicherweise könnte man den Brunnen als Kunstwerk des K ansehen, der in seinem Werk- und Wirkbereich nach Art. 5 III GG geschützt ist. Durch die Widmung des Brunnens hat die Stadt Greifswald die Äußerungen des K aber **in ihren Willen aufgenommen**. Damit ist ihr die Aussage des Künstlers auf dem Relief zurechenbar. Es liegt ein hoheitlicher Eingriff vor.

3. Eingriff in ein subjektives Recht

Es müsste ein Eingriff in ein subjektives Recht vorliegen. Hier könnte das allgemeine Persönlichkeitsrecht des A aus Art. 2 I i.V.m. 1 I GG betroffen sein. Dieses Recht schützt auch vor verfälschenden oder entstellenden Darstellungen der Person, wenn diese von nicht ganz unerheblicher Bedeutung für die Persönlichkeitsentfaltung sind. Die vorliegende Darstellung zeigt A, wie er eine Oppositionelle foltert. Das bedeutet eine abträgliche und verletzende Wertung, die das Ansehen des A schmälern, seine sozialen Kontakte schwächen und infolgedessen sein Selbstwertgefühl untergraben können. Dabei ist **unerheblich**, ob er **wirklich an den Folterungen teilgenommen** hat. Das allgemeine Persönlichkeitsrecht gilt selbst für Stasi-Mitarbeiter, denen eine Resozialisierungsmöglichkeit nicht für alle Zeit genommen werden darf. Folglich liegt ein Eingriff in das Recht des A aus Art. 2 I i.V.m. 1 I GG vor.

4. Rechtswidriger Zustand infolge des Eingriffs

Schließlich müsste das Relief auch einen rechtswidrigen Zustand zur Folge haben. Dies liegt vor, wenn keine Duldungspflicht seitens des A besteht.

a) Eine **Duldungspflicht könnte sich zunächst aus der Widmung** des Brunnens ergeben. Anders als eine straßenrechtliche Widmung, die privatrechtsgestaltende Wirkung hat und damit Ansprüche des Eigentümers auf Unterlassung des Straßenbetriebs aus Art. 14 GG ausschließt, hat die Widmung öffentlicher Einrichtungen keine dinglichen Folgen. Einzige Funktion dieser Widmung ist, den Leistungszweck einer Einrichtung zu bestimmen. Damit scheidet eine Duldungspflicht unter dem Gesichtspunkt der Widmung aus.

b) Eine **Duldungspflicht könnte sich aber aus der Kunstfreiheit des K** nach Art. 5 III GG ergeben. Allerdings kann die Stadt Greifswald die Grundrechte des K nicht anführen, da das Kunstwerk durch die Widmung auch ihr zurechenbar ist. Die Kunstfreiheit des K spielt folglich nur eine Rolle bei der Frage, ob die Entfernung der Reliefplatte der Stadt tatsächlich möglich ist. Eine Entfernung ist nicht möglich, wenn K sich erfolgreich dagegen wehren kann. K kann sich nur im Verhältnis zur Stadt auf Art. 5 III GG berufen. Folglich scheidet hier, im Verhältnis zu A, eine Duldungspflicht aus der Kunstfreiheit des K aus.

5. Fortdauern des rechtswidrigen Zustandes
Der rechtswidrige Zustand dauert fort, solange der Brunnen mit dem Relief auf dem Greifswalder Marktplatz steht.

6. Tatsächliche und rechtliche Möglichkeit sowie Zumutbarkeit der Wiederherstellung des früheren Zustandes
Zuletzt müsste es tatsächlich und rechtlich möglich sein, den früheren Zustand wiederherzustellen. Die Entfernung des Reliefs kann in tatsächlicher Hinsicht erfolgen. Fraglich ist, ob dies rechtlich möglich ist. Es müsste eine Rechtsnorm der Stadt erlauben, in die Rechte des K einzugreifen. Der Folgenbeseitigungsanspruch stellt keine solche Eingriffsnorm dar. Es besteht allerdings ein Anspruch aus dem Werkvertrag der Stadt mit K. Nach § 242 BGB ist K verpflichtet, einen Brunnen zu gestalten, der die Persönlichkeitsrechte anderer nicht beeinträchtigt. Dies hat K missachtet. Deshalb stehen der Stadt Gewährleistungsansprüche gegen K, vorrangig Nacherfüllung, zu. Damit besteht auch eine rechtliche Möglichkeit der Beseitigung. An der Zumutbarkeit bestehen aus den genannten Gründen, die die Rechte des K zurücktreten lassen, keine Zweifel.

Ergebnis: Die allgemeine Leistungsklage des A auf Entfernung des Reliefs wäre begründet.

Sachverhalt

Die Partei P befindet sich am rechten Rand der Parteienlandschaft. Sie ist bestrebt, mit Hilfe nationalistischer Botschaften, Wähler zu gewinnen. Um ihre Bekanntheit zu steigern, organisiert P jährlich in Bochum eine Demonstration, die dieses Jahr unter dem Motto „Deutschland den Deutschen" stattfindet. P meldet die Demonstration bei der zuständigen Behörde an. Daraufhin kündigt eine linke Gruppe, der „Verein für internationale Solidarität e.V." (L), eine Gegendemonstration unter dem Slogan „Toleranz statt Fremdenhass" an. Damit wollen die Gegendemonstranten verhindern, dass ausländische Mitbürger beleidigt und rechtes Gedankengut verbreitet werden. Im Internet liest man auf der Seite des L in anonymen Beiträgen, dass die Gegendemonstranten auch vor Gewalt nicht zurückschrecken. Die Stadt Bochum reagiert und ordnet nach einer Anhörung gegenüber L an, dass sich ihre Gegendemonstration der Demonstration der P nicht mehr als einen Kilometer nähern dürfe, um gewaltsame Auseinandersetzungen zu verhindern. Da P fürchtet, dass die Situation eskalieren könnte, verlegt sie die Demonstration nach Düsseldorf. Daraufhin nimmt die Verwaltung den Bescheid gegen L zurück.

L erhebt gegen die Auflage Klage vor dem Verwaltungsgericht Bochum mit der Begründung, dass die Gefahr bestehe, dass die Kundgebung das nächste Jahr wieder in Bochum stattfindet und die Gegendemonstration sich dann wieder einen Kilometer entfernt halten muss. Man wolle bereits jetzt eine Klärung.

Hat L mit seiner Klage Erfolg? In Nordrhein-Westfalen findet für öffentliche Versammlungen das Versammlungsgesetz (VersG) des Bundes Anwendung.

Lösung

Die Klage des L hat Aussicht auf Erfolg, wenn sie zulässig und begründet ist.

I. Zulässigkeit

Die Klage ist zulässig, wenn alle Sachentscheidungsvoraussetzungen vorliegen.

1. Verwaltungsrechtsweg

Der Verwaltungsrechtsweg muss nach § 40 I 1 VwGO eröffnet sein. Es muss eine öffentlich-rechtliche Streitigkeit nichtverfassungrechtlicher Art vorliegen.

Eine Streitigkeit ist öffentlich-rechtlich, wenn die streitentscheidenden Normen öffentlich-rechtlicher Natur sind. Eine Norm ist öffentlich-rechtlich, wenn sie einen Träger öffentlicher Gewalt berechtigt oder verpflichtet. Vorliegend sind Normen des Versammlungsrechts streitentscheidend, die den Staat berechtigen, Auflagen für eine Versammlung anzuordnen. Folglich ist die Streitigkeit öffentlich-rechtlich. Fraglich ist, ob sie auch nichtverfassungs-rechtlicher Art ist. Schließlich ist die Versammlungsfreiheit in Art. 8 GG normiert. Verfassungsrechtlich ist eine Streitigkeit allerdings nur, wenn Verfassungsorgane um Verfassungsrecht streiten. Vorliegend wird um die verwaltungsrechtlichen Vorschriften des Versammlungsgesetzes gestritten. Ferner streiten sich keine Verfassungsorgane. Daher liegt keine doppelte Verfassungsunmittelbarkeit vor. Der Verwaltungsrechtsweg ist nach § 40 I 1 VwGO eröffnet.

2. Statthafte Klageart

Die statthafte Klageart richtet sich nach dem Begehren des Klägers, wie es sich bei verständiger Würdigung der Sach- und Rechtslage darstellt (§§ 82, 86 III, 88 VwGO).

a) Es kommt eine Anfechtungsklage in Betracht. Dazu müsste es sich bei der Auflage der Stadt, dass sich die Gegendemonstranten nicht mehr als einen Kilometer der Kundgebung der P nähern dürfen, um einen Verwaltungsakt i.S.d. § 35 VwVfG darstellen. Ein **Verwaltungsakt** ist eine hoheitliche Maßnahme einer Behörde zur Regelung eines Einzelfalls mit Außenwirkung. Die Stadt Bochum ist eine Behörde im Sinne des § 1 IV VwVfG, die der Gegen-demonstration eine Einschränkung auf dem Gebiet des Versammlungsrecht, also des öffentlichen Rechts, auferlegt hat. Diese Einschränkung regelt folglich einen Einzelfall. Die Regelung bleibt auch nicht verwaltungsintern, sondern entfaltet Außenwirkung gegenüber den Gegendemonstranten. Daher liegt ein Verwaltungsakt i.S.d. § 35 VwVfG vor.

Fraglich ist jedoch, ob die Anfechtungsklage auch statthaft ist, wenn der Verwaltungsakt keine Wirkung entfalten kann, weil die Demonstration kurzfristig nach Düsseldorf verlegt wurde. Indem die Kundgebung der P in Bochum abgesagt wurde und die Behörde den Bescheid zurücknahm, hat sich der Verwaltungsakt vor Klageerhebung erledigt. Die Anfechtungsklage ist damit gegenstandslos geworden. Bereits erledigte Verwaltungsakte können deshalb mit der Anfechtungsklage nicht angegriffen werden. Dies ergibt sich aus § 113 I 4 VwGO.

b) Stattdessen könnte die **Fortsetzungsfeststellungsklage nach § 113 I 4 VwGO** statthaft sein.

aa) Gegen den Verwaltungsakt kann L nicht mehr vorgehen, da sich der Verwaltungsakt durch die Verlegung vor Klageerhebung erledigt hat. § 113 I 4 erfordert, dass sich der Verwaltungsakt „vorher" erledigt hat. Gemeint ist damit vor einem Urteil. § 113 I 4 erfasst also den Fall, dass sich der Verwaltungsakt nach Klageerhebung erledigt hat. Im vorliegenden Fall hat L noch keine Klage erhoben. Es ist daher zu ermitteln, ob § 113 I 4 analog auch auf die Konstellation der Erledigung vor Klageerhebung anzuwenden ist. Nach Art. 19 IV GG wird lückenloser Rechtsschutz gewährleistet.

Wenn es keine statthafte Klageart gäbe, mit der ein erledigter Verwaltungsakt angegriffen werden könnte, entstünde eine Rechtsschutzlücke. Da es effektiven Rechtsschutz geben muss, ist entweder die allgemeine Feststellungsklage nach § 43 VwGO oder die Fortsetzungsfeststellungsklage nach § 113 I 4 statthaft.

bb) Eine **analoge Anwendung der Vorschrift** des § 113 I 4 VwGO gebietet sich im Interesse eines effektiven Rechtsschutzes, da es meist vom Zufall abhängt, ob eine Erledigung vor oder nach Klageerhebung eintritt. Sonst würde die klare Trennlinie, die das gesamte Verwaltungsprozessrecht durchzieht, zerstört. Auf der einen Seite stehen Klagearten, die sich auf einen Verwaltungsakt beziehen, auf der anderen Seite Rechtsbehelfe, mit denen schlicht-hoheitliche Maßnahmen angegriffen werden können, nämlich die Leistungsklage und die Feststellungsklage. Darüber hinaus scheidet die Anwendung von § 43 VwGO auch aus, weil aus der Rechtswidrigkeit eines Verwaltungsakts kein feststellungsfähiges Rechtsverhältnis abgeleitet werden kann. Ein Verwaltungsakt kann zwar ein solches Rechtsverhältnis begründen, aber nicht selbst ein Rechtsverhältnis darstellen.

Also ist die **Fortsetzungsfeststellungsklage** nach § 113 I 4 VwGO analog die statthafte Klageart.

3. Klagebefugnis

Die Fortsetzungsfeststellungsklage ist nur zulässig, wenn im Falle einer Nichterledigung des Verwaltungsakts die Anfechtungsklage zulässig wäre. Daher muss L nach § 42 II VwGO analog geltend machen, möglicherweise in eigenen Rechten verletzt zu sein. Es kommt eine Verletzung des Versammlungsrechts aus Art. 8 GG sowie eine Verletzung der Meinungsfreiheit aus Art. 5 I GG in Betracht. L kann nach Art. 19 III GG Träger des Grundrechts der Versammlungsfreiheit und des Grundrechts der Meinungsfreiheit sein. Daher ist L klagebefugt.

4. Vorverfahren

Grundsätzlich ist eine Fortsetzungsfeststellungsklage nach § 113 I 4 VwGO (analog) nur zulässig, wenn zum Zeitpunkt der Erledigung die entsprechende Klage (Anfechtungsklage oder bei analoger Anwendung die Verpflichtungsklage) (noch) zulässig war. Daher muss grundsätzlich vor Klageerhebung ordnungsgemäß Widerspruch nach § 69 VwGO erhoben werden. Ob dies auch für die Erledigung **vor** Klageerhebung gilt, ist umstritten.

a) Nach einer Auffassung muss auch im Fall eines bereits erledigten Verwaltungsakts **zunächst ein Widerspruchsverfahren durchgeführt** werden, um der Verwaltung die Möglichkeit einer eigenen Überprüfung und Korrektur zu geben.

b) Die Gegenmeinung vertritt, dass ein nachträgliches Widerspruchsverfahren gegen einen bereits erledigten Verwaltungsakt **nicht erforderlich** sei. Es sei allein entscheidend, ob die Widerspruchsfrist nicht abgelaufen sei (ansonsten könnte eine wegen abgelaufener Widerspruchsfrist unzulässige Anfechtungsklage nach Erledigung als Fortsetzungsfeststellungsklage wieder zulässig werden).

c) Aus Gründen der **Prozessökonomie** ist der zuletzt genannten Ansicht zu folgen. Das Widerspruchsverfahren setzt einen wirksamen Verwaltungsakt voraus. Hat sich dieser erledigt, wird es gegenstandslos. Sinn und Zweck des Vorverfahrens ist es unter anderem, dem Bürger zusätzlichen Rechtsschutz zu bieten und der Verwaltung noch einmal die Möglichkeit zu geben, ihre Entscheidung zu revidieren. Diese Aufgaben kann das Vorverfahren nicht mehr erfüllen, wenn sich der Verwaltungsakt erledigt hat und nur noch seine Rechtmäßigkeit oder Rechtswidrigkeit festgestellt werden kann.

Zum Zeitpunkt der Erledigung ist die Widerspruchsfrist von einem Monat (vgl. § 70 I VwGO) noch nicht abgelaufen. Daher ist eine Klage in jedem Fall ohne Durchführung eines Vorverfahrens möglich.

5. Klagefrist

Eine entsprechende Anwendung des § 74 VwGO ist nicht zu fordern. Auch insoweit fehlt es an einer vergleichbaren Interessenlage. Zweck der Fristsetzung ist es, Rechtssicherheit und Rechtsfrieden zu sichern. Dies kann jedoch im Fall eines erledigten und der Bestandkraft somit nicht fähigen Verwaltungsakts nicht mehr erreicht werden. Zudem wird die Verwaltung hinreichend durch das Erfordernis eines berechtigten Interesses an der begehrten Feststellung sowie durch das Institut der Verwirkung geschützt.

6. Beteiligtenfähigkeit und Prozessfähigkeit

Der Verein für internationale Solidarität e.V. ist ein rechtsfähiger Verein. Daher richtet sich seine Beteiligtenfähigkeit nach § 61 Nr. 2 VwGO. Der Verein muss ich im Prozess durch den Vorsitzenden vertreten lassen, um prozessfähig zu sein.

7. Klagegegner

Nach § 78 I ist der Rechtsträger der handelnden Behörde Klagegegner, also vorliegend die Stadt Bochum.

8. Fortsetzungsfeststellungsinteresse

L muss ein Fortsetzungsfeststellungsinteresse nach § 113 I 4 VwGO analog geltend machen.

L müsste also ein berechtigtes Interesse daran haben, dass festgestellt wird, dass die Verfügung gegenüber dem Verein rechtswidrig war. In der Rechtsprechung haben sich vier Fallgruppen von berechtigten Interessen herausgebildet, nämlich **Wiederholungsgefahr, Rehabilitationsinteresse, schwerwiegende Grundrechtsbeeinträchtigung** und **Präjudizinteresse**. Wiederholungsgefahr bedeutet, dass sich die Problematik wieder ereignen wird und daher im Hinblick auf die Zukunft entschieden werden soll, ob das staatliche Handeln rechtswidrig war. Unter Rehabilitationsinteresse versteht man das Interesse des Adressanten eines Verwaltungsakts gegenüber der Öffentlichkeit zu demonstrieren, dass die Verwaltung ihn rechtswidrig behandelt hat. Das Präjudizinteresse hängt mit der Vorbereitung der Geltendmachung von zivilrechtlichen Schadensersatzansprüchen zusammen. Das Urteil des Verwaltungsgerichts soll als Grundlage eines zivilrechtlichen Prozesses dienen. Grundsätzlich kann die Absicht, eine Amtshaftungs- oder Entschädigungsklage zu erheben, das Fortsetzungsfeststellungsinteresse dann begründen, wenn ein entsprechender Zivilprozess nicht von vornherein offensichtlich aussichtslos ist.

Diese Fallgruppe gilt allerdings nur bei Erledigung des Verwaltungsaktes nach Klageerhebung, da dem Kläger ansonsten zugemutet werden kann, sofort beim Zivilgericht Schadensersatzklage einzureichen. Ferner kann der Kläger bei schweren Grundrechtseingriffen Feststellung begehren.

Vorliegend kommt die Fallgruppe der **Wiederholungsgefahr** in Betracht. Die Partei P organisiert jedes Jahr eine Demonstration in Bochum. Folglich ist damit zu rechnen, dass eine Gegendemonstration im nächsten Jahr wieder mit entsprechenden Einschränkungen belegt wird. Daher besteht Wiederholungsgefahr. Also kann L ein Fortsetzungsfeststellungsinteresse nach § 113 I 4 VwGO analog geltend machen.

Ergebnis: Die Klage ist zulässig.

II. Begründetheit
Die Klage des L müsste begründet sein. Die Fortsetzungsfeststellungsklage des L ist nach § 113 I 1, 4 VwGO analog begründet, soweit der erledigte Verwaltungsakt rechtswidrig war und L in seinen Rechten verletzte. Die Maßnahme, die von L angegriffen wird, ist eine Einschränkung der Gegendemonstration. Diese darf sich der Demonstration der P nicht mehr als einen Kilometer nähern.

Für diese Maßnahme muss eine Ermächtigungsgrundlage existieren, und sie muss formell und materiell rechtmäßig sein.

1. Ermächtigungsgrundlage
In Betracht kommt § 15 I VersammlG. Dazu müsste eine Versammlung vorliegen. Eine Versammlung im Sinne des VersammlG ist das Zusammenkommen mehrerer Personen zu gemeinsamer Zweckverfolgung.

a) Zum Teil wird angenommen, der Zweck müsse in der gemeinsamen **politischen Meinungsbildung und Meinungsäußerung** liegen. Es handelt sich hier um eine politische Demonstration. Folglich kann der Streit, ob die Zusammenkunft zum Zweck der Meinungsäußerung erfolgen muss, dahinstehen.

b) Die Versammlung ist auch **öffentlich**, da sie für jedermann zugänglich ist. Die Verfügung erging ferner hinsichtlich einer Versammlung unter freiem Himmel. Daher ist § 15 I VersammlG die richtige Ermächtigungsgrundlage.

Dies ergibt sich aus der Überschrift des Abschnitts III des VersammlG „unter freiem Himmel".

2. Formelle Rechtmäßigkeit

Es hat laut Sachverhalt die zuständige Behörde gehandelt. Es müsste ferner das Verfahren eingehalten worden sein. Es sind keine Verfahrensfehler ersichtlich. Eine besondere Form war nicht erforderlich.

3. Materielle Rechtmäßigkeit

Fraglich ist die materielle Rechtmäßigkeit des Verwaltungsaktes.

a) Tatbestand

Zunächst müssen die Tatbestandsvoraussetzungen der Ermächtigungsgrundlage erfüllt sein. § 15 I VersammlG spricht von „Auflagen". Gemeint sind hier allerdings nicht Nebenbestimmungen, sondern Einschränkungen der Versammlungsfreiheit unterhalb der Schwelle eines Verbotes. Damit die Versammlungsfreiheit eingeschränkt werden kann, muss eine **unmittelbare Gefahr für die öffentliche Sicherheit oder Ordnung** vorliegen. Eine Gefahr ist ein Sachverhalt, der bei ungehindertem Geschehensablauf mit hinreichender Wahrscheinlichkeit in absehbarer Zeit zu einem Schaden führen kann. Schutzgüter der öffentlichen Sicherheit sind die objektive Rechtsordnung, der Bestand des Staates und seiner Einrichtungen und Veranstaltungen sowie die subjektiven Rechte und Rechtsgüter des Einzelnen (wie Leben, Gesundheit, Freiheit, Ehre und Vermögen).

Im vorliegenden Fall drohte eine Verletzung der körperlichen Unversehrtheit der Versammlungsteilnehmer, also von Individualrechtsgütern. In dem Internetforum auf der Seite der L wurde angekündigt, dass die Gegendemonstranten auch vor Gewalt nicht zurückschrecken werden. Dadurch würde die genehmigte Demonstration der P gestört. Ein solches Verhalten ist nach § 21 VersammlG strafbar. Es ist daher auch zu befürchten, dass eine Gefahr für die objektive Rechtsordnung droht. Folglich liegt eine Gefahr für die öffentliche Sicherheit vor.

b) Ermessen

Die Behörde müsste den richtigen Adressaten ausgewählt haben, und die Verfügung müsste insgesamt verhältnismäßig sein. Vorliegend hat die Stadt der Versammlung des L eine Einschränkung auferlegt. Von dieser Versammlung ging die Gefahr zu gewalttätigen Ausschreitungen aus. Insbesondere musste die Stadt Bochum ihre Maßnahme nicht gegen die Kundgebung der P anstatt gegen die Gegendemonstration richten, weil die Störung durch Gewalttätig-keiten von Seiten der Gegendemonstranten drohte. Ob von der rechtsextremen Kundgebung ebenso eine Störung der öffentlichen Sicherheit zu erwarten war, wie hier die von den Veranstaltern der Gegendemonstration befürchteten rechtsextremen Straftaten, ist in diesem Zusammenhang unbeachtlich. Sollte es Anlass zur Besorgnis geben, dass solche Straftaten verübt werden, rechtfertigt dies Maßnahmen gegen P. Es macht allerdings eine gewalttätige Gegendemonstration nicht rechtmäßig.

Durch die Verfügung gegenüber L sollen schwerwiegende Verletzungen der körperlichen Unversehrtheit sowie Straftaten nach § 21 VersammlG abgewendet werden. Diese Schutzgüter **überwiegen gegenüber einem Eingriff in das Grundrecht der Versammlungsfreiheit** des L. Es ist zu beachten, dass die Gegendemonstration nicht gänzlich verboten worden ist, sondern nur eine Konfrontation beider Demonstrationen verhindert werden soll. Die Versammlungsfreiheit soll die freie gemeinsame politische Willensäußerung in der Öffentlichkeit gewährleisten. Dieser Zweck wird auch dann gewahrt, wenn sich die Gegendemonstranten der Versammlung der P nicht mehr als einen Kilometer nähern dürfen. Sogar die Route ihrer Demonstration dürfen die Gegendemonstranten selbst bestimmen, solange sie den Abstand von einem Kilometer einhalten.

Damit hat die Behörde den richtigen Adressaten ausgewählt. Die Verfügung war auch insgesamt verhältnismäßig.

Ergebnis: Die nach der Verlegung der Kundgebung der P nach Düsseldorf erledigte Auflagenverfügung gegen L war formell und materiell rechtmäßig. Die Fortsetzungsfeststellungsklage ist daher unbegründet und hat keinen Erfolg.

Sachverhalt

Weinliebhaber E hat sich als Rechtsanwalt in Bad Kreuznach niedergelassen und auf öffentliches Recht spezialisiert. Dort gehört ihm auch ein unbebautes Grundstück, das er an den Reifenhersteller Michelin verpachtet hat, der auf der Fläche Altreifen lagert. Da für das Gebiet, in dem das Grundstück liegt, weder ein Flächennutzungsplan noch ein Bebauungsplan existiert, stellt die Stadt gleichzeitig einen Flächennutzungsplan und einen Bebauungsplan auf. Die Festsetzungen des Bebauungsplans sind rechtmäßig. Sie haben aber zur Folge, dass auf dem Grundstück des E keine Reifen mehr gelagert werden dürfen, weil diese Nutzung den Festsetzungen des Bebauungsplans zuwiderläuft. E will sich daher gerichtlich gegen den Bebauungsplan wehren. Kann er das mit Erfolg?

Lösung

Der Antrag des E hat Aussicht auf Erfolg, wenn er zulässig und begründet ist. Es kommt eine abstrakte Normenkontrolle nach § 47 VwGO in Betracht.

I. Zulässigkeit

1. Eröffnung des Verwaltungsrechtsweges

Nach § 47 I VwGO entscheidet das OVG im Rahmen seiner Gerichtsbarkeit – folglich muss der Verwaltungsrechtsweg nach § 40 I 1 VwGO eröffnet sein. Es muss eine öffentlich-rechtliche Streitigkeit nichtverfassungsrechtlicher Art vorliegen. Das Baurecht berechtigt den Staat, Bebauungspläne zu erlassen. Es geht also um die Ausgestaltung öffentlich-rechtlicher Berechtigungen. Daher liegt eine öffentlich-rechtliche Streitigkeit vor. Der Verwaltungsrechtsweg ist somit nach § 40 I 1 VwGO eröffnet.

2. Statthaftigkeit des Normenkontrollantrags

Der Normenkontrollantrag muss einen tauglichen Prüfungsgegenstand enthalten. Nach § 47 I Nr.1 VwGO entscheidet das OVG über Satzungen, die nach den Vorschriften des BauGB erlassen worden sind. Nach § 10 I BauGB wird ein Bebauungsplan als Satzung erlassen.[10] Folglich handelt es sich bei dem Bebauungsplan der Stadt Kreuznach um eine Satzung nach dem BauGB,

---

[10] Im Land Berlin ist der Bebauungsplan eine Rechtsverordnung.

die gemäß § 47 I Nr. 1 VwGO überprüft werden kann. Der Antrag auf abstrakte Normenkontrolle ist also statthaft.

3. Antragsbefugnis

E müsste nach § 42 II 1 VwGO antragsbefugt sein. Nach dieser Norm ist jede natürliche oder juristische Person antragsbefugt, die geltend macht, durch die Rechtsvorschrift oder deren Anwendung in ihren Rechten verletzt zu sein oder in absehbarer Zeit verletzt zu werden. Bei Bebauungsplänen muss der Antragssteller **die Verletzung abwägungserheblicher Belange** behaupten. Der Antragsteller muss also durch den Bebauungsplan oder seine Anwendung negativ in einem Interesse betroffen sein, das bei der Abwägung nach § 1 VI BauGB als abwägungsrelevanter Belang berücksichtigt werden muss. E ist Eigentümer eines im Geltungsbereich des Bebauungsplans gelegenen Grundstücks und kann das Grundstück nicht mehr zur Lagerung von Reifen verpachten. Er kann folglich durch den Erlass des Bebauungsplans in seinen Rechten betroffen sein. Folglich ist E nach § 42 II 1 VwGO antragsbefugt.

4. Antragsfrist

E muss die Antragsfrist nach § 47 II 1 VwGO wahren. Diese Frist beginnt mit der ordnungsgemäßen Bekanntgabe der Norm.

5. Beteiligtenfähigkeit

Die Beteiligten- und Prozessfähigkeit nach §§ 61 ff. VwGO ist gegeben.

6. Antragsgegner

Nach § 47 II 2 VwGO ist der richtige Antragsgegner die juristische Person des öffentlichen Rechts, die die Rechtsvorschrift erlassen hat. Dies war vorliegend die Stadt Bad Kreuznach. Daher ist der Antrag gegen sie zu richten.

Ergebnis: Die Klage ist zulässig.

II. Begründetheit

Der Antrag ist begründet, wenn der Bebauungsplan formell oder materiell rechtswidrig und somit nach § 47 V 2 VwGO nichtig ist oder wenn er zumindest nicht wirksam ist.

1. Rechtsgrundlage des Bebauungsplans

Rechtsgrundlage des Bebauungsplans sind die §§ 1, 2 I BauGB.

2. Formelle Rechtmäßigkeit des Bebauungsplans

Hinsichtlich der Zuständigkeit (§ 2 I 1 BauGB), des Verfahrens und der Form bestehen keine Bedenken. Insofern ist auch auf die Heilungsvorschriften der §§ 214-216 BauGB nicht einzugehen. Der Plan war formell rechtmäßig.

3. Materielle Rechtmäßigkeit des Bebauungsplans

Der Bebauungsplan muss auch materiell rechtmäßig sein. Die materiellen Rechtmäßigkeitsvoraussetzungen eines Bebauungsplans sind im Wesentlichen in § 1, § 2 II, § 8 und § 9 BauGB geregelt.

a) Erforderlichkeit der Planung

Nach § 1 III 1 BauGB muss die Aufstellung eines Bebauungsplans erforderlich sein. Eine Planung ist schon dann erforderlich, wenn sie vernünftigerweise geboten ist, um die bauliche Entwicklung durch die vorherige Planung zu ordnen. In Bezug auf die städtebauliche Erforderlichkeit des Plans nach § 1 III BauGB besitzt die Stadt ein weites planerisches Ermessen. Es existieren keine Anhaltspunkte, die ergeben, dass die Stadt ihr planerisches Ermessen fehlerhaft ausgeübt hat.

b) Entwicklungsgebot

Es kommt ein Verstoß gegen § 8 II BauGB in Betracht. Das in dieser Vorschrift normierte Entwicklungsgebot besagt, dass Bebauungspläne aus dem Flächennutzungsplan zu entwickeln sind. Im vorliegenden Fall wurden der Flächennutzungsplan und der Bebauungsplan gleichzeitig aufgestellt. Daher liegt grundsätzlich ein Verstoß gegen § 8 II BauGB vor.

Es könnte jedoch eine Ausnahme vom Entwicklungsgebot nach § 8 III BauGB vorliegen. Nach dieser Vorschrift können Bebauungsplan und Flächennutzungsplan gleichzeitig aufgestellt werden. Dies bezeichnet man als **Parallelverfahren**. Vorliegend wurde ein nach § 8 II 1 BauGB zulässiges Parallelverfahren durchgeführt.

Weitere Verstöße gegen das Baurecht oder anderes höherrangiges Recht sind nicht erkennbar.

Daher ist der Bebauungsplan rechtmäßig.

Ergebnis: Der Normenkontrollantrag des E ist unbegründet und hat daher keinen Erfolg.

Verwaltungsakt (VA) der Behörde:
Einseitige belastende Regelung, die der Adressat ohne Berücksichtigung auf ihre Rechtmäßigkeit zu befolgen hat.

Bürger kann Widerspruch und Anfechtungsklage erheben: Aufschiebende Wirkung des VA (sog. **Suspensiveffekt**).

In einigen Fällen tritt aber **keine** aufschiebende Wirkung ein (**§ 80 II 1** VwGO):

→ Anforderung von öffentlichen Abgaben und Kosten,

→ unaufschiebbare Maßnahmen von Polizeivollzugsbeamten (analog auch für Verkehrszeichen),

→ andere durch Gesetz vorgeschriebene Fälle, z.B. Einberufung in Bundeswehr oder durch Landesrecht,

→ **sofortige Vollziehbarkeit kraft behördlicher Anordnung**; Voraussetzungen:

a) Zuständigkeit: Ausgangs- und Widerspruchsbehörde,

b) Anhörung nach § 28 VwVfG (-), da Anordnung keine VA-Qualität hat. Analoge Anwendung kommt wegen des abschließenden Regelungsgehalts der §§ 80, 80 a VwGO nicht in Betracht,

c) Begründung [nicht bei Gefahr im Verzug, § 80 III 2 VwGO]: Besondere Gründe sind zu nennen, Wiederholung des Gesetzestextes oder Hinweis auf „offensichtliche Rechtmäßigkeit" reicht nicht! Mangel kann nicht durch Nachholung geheilt werden (§ 45 VwVfG ist mangels VA-Qualität der Anordnung nicht anwendbar).

d) Überwiegendes besonderes Vollzugsinteresse bei Schutz hochrangiger Rechtsgüter (Leben, Gesundheit), oder zum gleichmäßigen Vollzug von EG-Recht.

e) Anordnung muss ermessensfehlerfrei ausgeübt werden.

Rechtsschutz nur, wenn

→ Behörde die Vollziehung aussetzt (§ 80 IV VwGO),

oder

→ Gericht **Aussetzung** der Vollziehung **anordnet**, ggf. als Annex auch die Rückgängigmachung einer bereits erfolgten Vollziehung (**§ 80 V** VwGO).

Antrag auf Aussetzung der sofortigen Vollziehbarkeit (§ 80 V VwGO)

I. Zulässigkeit

1. Eröffnung des Verwaltungsrechtsweges, § 40 I 1 VwGO, in der Hauptsache

2. Beteiligten-, Prozess- und Postulationsfähigkeit, §§ 61, 62, 67 VwGO

3. Statthaftigkeit

Statthaft ist der Antrag nach § 80 V 1 VwGO, wenn in der Hauptsache eine Anfechtungsklage statthaft wäre und diese keinen Suspensiveffekt auslösen würde. Dafür muss sich der Antragsteller wenden gegen

a) einen belastenden VA, der bereits erlassen ist
[sonst vorbeugende Unterlassungsklage nach § 123 VwGO],

b) sich noch nicht erledigt hat, und

c) nach § 80 II VwGO sofort vollziehbar ist.

4. Antragsbefugnis, § 42 II VwGO analog

(+), wenn Antragsteller in Hauptsache antragsbefugt

5. Vorverfahren *nur* in Fällen der Nr. 1 – öffentliche Abgaben und Kosten – nach § 80 VI 1 VwGO.

Keine Anwendung auf die anderen Nummern, da § 80 VI 1 VwGO abschließend ist.

6. Vorherige Einlegung eines Rechtsbehelfs in der Hauptsache nicht erforderlich, § 80 V 2 VwGO.

7. Keine Frist.

8. Zuständigkeit des angerufenen Gerichts: das Gericht der Hauptsache.

9. Rechtsschutzbedürfnis fehlt, wenn Behörde verbindlich zu erkennen gibt, dass sie nicht vollzieht.

II. Begründetheit

Antrag auf **Anordnung** der aufschiebenden Wirkung (§ 80 II Nr. 1-3 VwGO):	Antrag auf **Wiederherstellung** der aufschiebenden Wirkung (§ 80 II Nr. 4 VwGO):
Begründet, wenn ernstliche Zweifel an der Rechtmäßigkeit des VA bestehen (wenn diese Zweifel nach summarischer Prüfung offensichtlich) oder wenn die Vollziehung für den Betroffenen eine unbillige, nicht durch überwiegend öffentliche Interessen gebotene Härte zur Folge hätte.	Begründet, wenn die Anordnung der sofortigen Vollziehung formell rechtswidrig war oder das Aussetzungsinteresse das Vollziehungsinteresse nicht überwiegt.
	a) Formelle Rechtswidrigkeit:
	aa) Begründung fehlt oder unzureichend,
	bb) Anhörung nicht erforderlich;
	b) Interessenabwägung:
	Antrag ist begründet, wenn das Interesse am

sofortigen Vollzug das Aussetzungsinteresse des Antragstellers nicht überwiegt. Im Rahmen dieser Beurteilung sind die Erfolgsaussichten in der Hauptsache summarisch zu prüfen.

→ Hat Rechtsbehelf offensichtlichen Erfolg: Aussetzungsantrag ist stattzugeben.

→ Wird Rechtsbehelf offensichtlich erfolglos sein: Aussetzungsantrag ist abzulehnen.

→ Sind die Erfolgsaussichten offen, hat das Gericht eine **Abwägung** vorzunehmen:

Die Nachteile, die der Antragsteller erleiden würde, wenn der VA sofort vollzogen werden könnte, der VA sich aber im Hauptsacheverfahren als rechtswidrig erweist, sind gegen die Nachteile abzuwägen, die einträten, wenn der VA nicht sofort vollzogen werden dürfte, die Klage sich später aber als unbegründet erwiese.

Vorläufiger Rechtsschutz nach § 123 VwGO

I. Zulässigkeit

1. Eröffnung des Verwaltungsrechtsweges, § 40 VwGO, in der Hauptsache

2. Beteiligten-, Prozess- und Postulationsfähigkeit, §§ 61, 62, 67 VwGO

3. Statthaftigkeit: Statthaft ist ein Antrag nach § 123 VwGO, wenn der Antragsteller nicht bereits nach §§ 80, 80 a VwGO vorläufigen Rechtsschutz erlangen kann, § 123 V VwGO. Das ist der Fall, wenn für den Rechtsschutz in der Hauptsache die Anfechtungsklage statthaft ist.

    a) § 123 VwGO ist statthaft, wenn in der Hauptsache eine Verpflichtungsklage oder allgemeine Leistungsklage zu erheben wäre, Bsp.: Antragsteller begehrt Zulassung zum Medizinstudium.

    b) wenn in der Hauptsache eine Feststellungsklage zu erheben wäre (str., aber wegen Art. 19 IV GG notwendig), Bsp.: Antragsteller beantragt, bestimmte Regelung vorläufig nicht beachten zu müssen.

    c) bei nichtigen VA sind beide Klagemöglichkeiten: §§ 80, 80 a VwGO analog [analog, da VA wenn nichtig = unwirksam] oder § 123 VwGO möglich.

4. Antragsbefugnis, § 42 II VwGO analog (+), wenn Antragsteller in Hauptsache klagebefugt.

5. Rechtsschutzbedürfnis fehlt, wenn Rechtsbehelf in der Hauptsache unzulässig.

II. Begründetheit

Begründet, wenn die Voraussetzungen einer Sicherungsanordnung nach § 123 I 1 VwGO bestehen.

Die Sicherungsanordnung zielt auf die **Fixierung des bestehenden Zustands** gegen drohende Veränderungen (z.B. gegen behördliche Warnungen). Voraussetzungen:

a) Glaubhaft gemachter Sicherungsanspruch: wenn es dem Gericht überwiegend wahrscheinlich erscheint, dass das zu sichernde Recht dem Antragsteller zusteht. In Betracht kommen insb. Unterlassungsansprüche, z.B. gegen drohende ehrverletzende Äußerungen. *Hinreichend glaubhaft gemacht* ist das zu sichernde Recht dann, wenn in der Hauptsache überwiegende Erfolgsaussichten bestehen.

b) Glaubhaft gemachter Sicherungsgrund: Ein *Sicherungsgrund* besteht, wenn die Gefahr besteht, dass durch eine Veränderung des Zustands die Verwirklichung des Rechts vereitelt oder erschwert wird. Bsp.: Der Antragsteller hat durch bevorstehende behördliche Warnungen Umsatzeinbußen zu gewärtigen. *Glaubhaft gemacht* ist der Grund, wenn dem Gericht die Tatsachen überwiegend wahrscheinlich erscheinen.

Liegen diese Voraussetzungen vor, hat das Gericht eine Sicherungsanordnung zu erlassen [auch wenn § 123 I VwGO von „kann" spricht].

c) Keine Vorwegnahme der Hauptsache durch irreversible Regelungen. Ausnahme: unzumutbare Nachteile für Antragsteller.

Begründet, wenn die Voraussetzungen einer Regelungsanordnung nach § 123 I 2 VwGO bestehen.

Die Regelungsanordnung zielt auf die **Veränderung des bestehenden Zustands**, d.h. eine Erweiterung der Rechtsposition (z.B. die Zulassung zum Studium). Voraussetzungen:

a) Glaubhaft gemachter Regelungsanspruch: Ein *Regelungsanspruch* besteht, wenn dem Antragsteller in der Hauptsache ein materielles Recht aus dem Rechtsverhältnis zusteht. *Glaubhaft gemacht* ist ein solcher Anspruch, wenn überwiegende Erfolgsaussichten in der Hauptsache bestehen.

b) Glaubhaft gemachter Regelungsgrund: Ein *Regelungsgrund* besteht, wenn die Regelung, um wesentliche Nachteile abzuwenden, drohende Gewalt zu verhindern oder aus anderen Gründen, nötig erscheint. Bei der Beurteilung der Notwendigkeit ist eine Abwägung zwischen dem Interesse des Antragstellers am Erlass der beantragten Regelung und dem öffentlichen Interesse an der Aufrechterhaltung des status quo vorzunehmen: Es ist zu ermitteln, welche Folgen einträten, wenn die einstweilige Anordnung (e.A.) erginge, das Hauptsacheverfahren jedoch erfolglos bliebe bzw. wenn umgekehrt die e.A. unterbliebe, das Verfahren in der Hauptsache jedoch erfolgreich wäre.

c) Keine Vorwegnahme der Hauptsache durch irreversible Regelungen. Ausnahme: unzumutbare Nachteile für Antragsteller.

Sachverhalt

Der ehemalige Politiker B hat sich nach seiner Abwahl in einer Kleingartenkolonie eine Parzelle gepachtet. Die Kolonie ist im Bebauungsplan ausgewiesen. In diesem Plan ist festgesetzt, dass Gartenhäuschen nur in der Größe 3 x 3 x 3 m errichtet werden dürfen. Ein Häuschen dieser Größe ist auf der Parzelle vorhanden. B kann das aber nur schlecht mit seiner ihm selbst beigemessenen Bedeutung vereinbaren. Er reißt das Gartenhäuschen ab und ersetzt es durch eines in der Größe 4 x 4 x 3 m. Die im Bundesland L gelegene Stadt ordnet mit ordnungsgemäßer Begründung den Abriss des Häuschens ab.

Auszug aus der Bauordnung des Bundeslandes L:
„§ 62: Werden bauliche Anlagen im Widerspruch zu öffentlich-rechtlichen Vorschriften errichtet oder geändert, so kann die zuständige Behörde die teilweise oder vollständige Beseitigung der baulichen Anlagen anordnen."

Fall 16: Was kann B dagegen tun?

Fall 17: Die Stadt ordnet in dem Bescheid außerdem die „sofortige Vollziehung" des Abrisses an. Was kann B tun? Zusatzfrage: Wie wird das Verwaltungsgericht dann entscheiden?

Fall 18: B erhält irrtümlich einen Abgabenbescheid über 2 Millionen Euro. Dagegen legt er Widerspruch ein. Muss B zahlen? Falls ja, wie kann B das verhindern? (Legen Sie der Bearbeitung nicht die Finanzgerichtsordnung, sondern die VwGO zugrunde).

Hinweis: Das Bundeskleingartengesetz ist für die Lösung nicht heranzuziehen.

Lösung

Fall 16: B muss gemäß §§ 68 ff. VwGO Widerspruch einlegen, der zunächst aufschiebende Wirkung nach § 80 I 1 VwGO hat und der Voraussetzung für eine spätere Anfechtungs- oder Verpflichtungsklage nach § 42 I VwGO ist. *Hinweis für Fortgeschrittene:* Nicht zu beachten ist hier die Ausnahmevorschrift § 212 a BauGB i.V.m. § 80 II 1 Nr. 4 VwGO, da kein Drittwiderspruch vorliegt.

Fall 17: Gegen einen für sofort vollziehbar erklärten Bescheid hat ein Widerspruch gemäß § 80 I 1 VwGO grundsätzlich keine aufschiebende Wirkung. B sollte daher einen Antrag nach § 80 V 1 Var. 2 VwGO auf Wiederherstellung der aufschiebenden Wirkung seines Widerspruchs stellen. Darüber hinaus empfiehlt es sich, **auch den Widerspruch bei der Behörde zeitgleich einzulegen** (wird in der Fallbearbeitung oft vergessen!). Der Antrag beim Gericht ist zwar nach herrschender Meinung auch vor Einlegung des Widerspruchs zulässig. Allerdings muss der Widerspruch auf jeden Fall **innerhalb der Rechtsmittelfrist** eingelegt werden, da der Verwaltungsakt sonst bestandskräftig wird.

Zusatzfrage: Ein Antrag des B nach § 80 V 1 Var. 2 VwGO auf Wiederherstellung der aufschiebenden Wirkung ist erfolgreich, wenn er zulässig und begründet ist.

I. Zulässigkeit

1. Eröffnung des Verwaltungsrechtsweg

Der Verwaltungsrechtsweg müsste eröffnet sein. Es liegt keine Sonderzuweisung vor. Folglich bedarf es einer öffentlich-rechtlichen Streitigkeit. Einschlägig ist § 62 Bauordnung des Bundeslandes L mit der Regelung über den Abriss von Gebäuden. Diese Regelung berechtigt einen Hoheitsträger zur Anordnung der Beseitigung von Bauten. Folglich handelt es sich um eine Regelung des Baurechts, mithin des öffentlichen Rechts. Damit ist eine öffentlich-rechtliche Streitigkeit gegeben. Der Verwaltungsrechtsweg ist eröffnet.

2. Statthaftigkeit des Antrags

Die Antragsart richtet sich nach dem Antragsbegehren, wie es sich nach verständiger Würdigung der Sach- und Rechtslage darstellt, §§ 122, 88, 86 III VwGO. B möchte schnellstmöglich eine Entscheidung über den Abriss erhalten. Die Statthaftigkeit eines Eilantrags richtet sich nach § 123 V VwGO. Danach ist die einstweilige Anordnung gemäß § 123 VwGO die statthafte Antragsart, wenn es nicht um die Aussetzung der vorläufigen Vollziehbarkeit eines Verwaltungsaktes nach § 80 V VwGO geht. Abzustellen ist auf das Hauptsacheverfahren. Der hier vorliegende Abrissbescheid stellt einen belastenden Bescheid dar. Er wäre im Hauptsacheverfahren mit einer Klage nach § 42 I Var. 1 VwGO anzufechten. Folglich geht es hier um die Aussetzung der vorläufigen Vollziehbarkeit eines Verwaltungsaktes nach § 80 V VwGO.

3. Antragsbefugnis

B ist nach § 42 II VwGO analog antragsbefugt, wenn nicht auszuschließen ist, dass er im Hauptsacheverfahren klagebefugt ist. B könnte als Adressat des Verwaltungsaktes in seinem Eigentumsrecht an dem Gartenhäuschen nach Art. 14 GG verletzt sein. Damit wäre B im Hauptsacheverfahren klagebefugt. Folglich ist er antragsbefugt gemäß § 42 II VwGO analog.

4. Allgemeines Rechtsschutzbedürfnis

Das allgemeine Rechtsschutzbedürfnis fehlt ausnahmsweise dann, wenn die Vollziehung nach § 80 IV VwGO ausgesetzt wurde oder besondere Umstände dazu führen, dass mit der Vollziehung des Verwaltungsaktes nicht zu rechnen ist. Beides ist nicht ersichtlich. Folglich ist das allgemeine Rechtsschutzbedürfnis gegeben.

Ergebnis: Somit wäre der Antrag nach § 80 V 1 Var. 2 VwGO auf Wiederherstellung der aufschiebenden Wirkung zulässig.

II. Begründetheit

Der Antrag nach § 80 V 1 Var. 2 VwGO auf Wiederherstellung der aufschiebenden Wirkung müsste auch begründet sein. Der Antrag ist begründet, wenn die Anordnung der sofortigen Vollziehung formell rechtswidrig war oder das Aussetzungsinteresse das Vollziehungsinteresse überwiegt.

1. Formelle Rechtswidrigkeit der Anordnung der sofortigen Vollziehung:

Die Anordnung der Stadt, das Gartenhäuschen abzureißen, könnte formell rechtswidrig gewesen sein. Zu prüfen ist, ob die Anordnung ordnungsgemäß begründet wurde (§ 80 III 1 VwGO). Das ist laut Sachverhalt gegeben. Damit ist die formelle Rechtmäßigkeit gegeben.

2. Interessenabwägung

Der Antrag des B auf Wiederherstellung der aufschiebenden Wirkung hat Erfolg, wenn das Interesse am sofortigen Vollzug das Aussetzungsinteresse (Suspensivinteresse) des Antragstellers nicht überwiegt. Im Rahmen dieser Beurteilung sind insbesondere die Erfolgsaussichten des Rechtsbehelfs in der Hauptsache zu berücksichtigen. Ist der Rechtsbehelf in der Hauptsache offensichtlich ohne Erfolg, ist der Antrag abzuweisen. Denn es besteht grundsätzlich kein schutzwürdiges Interesse des Betroffenen, die Vollziehung eines offensichtlich zu Unrecht angegriffenen Verwaltungsaktes zu verhindern.

Der Erfolg richtet sich nach den Erfolgsaussichten in der Hauptsache. Der Verwaltungsakt „Abrissbescheid" könnte zu Unrecht angegriffen sein, wenn er rechtmäßig ist.

a) Ermächtigungsgrundlage:
Der Abrissbescheid erging nach § 62 Bauordnung des Bundeslandes L, nach der bei baulichen Anlagen, die im Widerspruch zu öffentlich-rechtlichen Vorschriften errichtet werden, der Abriss angeordnet werden kann.

b) Formelle Rechtmäßigkeit:
Zweifel an der formellen Rechtswidrigkeit des Verwaltungsaktes ergeben sich nicht.

c) Materielle Rechtmäßigkeit:
Der Verwaltungsakt müsste materiell rechtmäßig sein.

aa) Tatbestand: Im vorliegenden Fall bestimmt der Bebauungsplan, dass in der Kolonie nur Gebäude mit den Maßen 3 x 3 x 3 m errichtet werden dürfen. Gegen diese Vorgabe hat B mit seinem 4 x 4 x 3 m großen Häuschen verstoßen. Damit liegt ein Verstoß gegen den Tatbestand der Norm der Bauordnung vor.
bb) Rechtsfolge: Auf der Rechtsfolgenseite ermöglicht die Norm gemäß § 114 S. 1 VwGO Ermessen. Ermessensfehler sind nicht ersichtlich.

Der Abrissbescheid erweist sich bei summarischer Prüfung als rechtmäßig. Damit hätte ein Rechtsbehelf in der Hauptsache offensichtlich keinen Erfolg. Folglich überwiegt das Interesse am sofortigen Vollzug.

Ergebnis: Ein Antrag des B nach § 80 V 1 Var. 2 VwGO auf Wiederherstellung der aufschiebenden Wirkung ist nicht begründet und folglich erfolglos.

Fall 18: Ein Widerspruch gegen den Steuerbescheid lässt die aufschiebende Wirkung gemäß § 80 I 1 Nr. 1 VwGO nicht entfallen. B muss zunächst einen Antrag bei der zuständigen Finanzbehörde nach § 80 VI 1 VwGO stellen. Diese wird B dann nach § 80 IV 3 VwGO abhelfen.

Sachverhalt

Nachdem sein Arzt ihm dringend die Aufnahme einer sportlichen Betätigung angeraten hat, hat Rentner R das Schwimmen für sich entdeckt. Er besucht daher regelmäßig in den frühen Morgenstunden (7.30 – 9 Uhr) das Freibad in S. Bademeister B ist aufgefallen, dass R immer wieder verbotswidrig vom Seitenrand in das Becken springt. Wegen dieses ordnungswidrigen Verhaltens hat B den R mehrmals zur Rede gestellt und ermahnt, zuletzt am 22. Juni.

Der 13. Juli verspricht laut Wetterbericht ein sehr heißer Tag zu werden, und R beschließt, sich gleich am frühen Morgen im Freibad abzukühlen. Obwohl dort ein Schild „Springen vom Beckenrand verboten" angebracht ist, hüpft R ins Nichtschwimmerbecken. B, der das sieht, erteilt ihm mündlich ein Hausverbot, das R befolgt. Aber R verspürt bereits in der Mittagszeit das dringende Bedürfnis nach einer erneuten Abkühlung im Schwimmbad. Als B dort R wieder vom Beckenrand ins Wasser springen sieht, ruft er die Polizei. R hat das Freibad jedoch bereits verlassen, bevor zwei Polizisten am „Tatort" eingetroffen sind. B informiert die Stadtverwaltung von den Vorgängen.

S schließt R am 25. Juli für den Rest der Freibadsaison von der Benutzung des Freibades aus. R verhalte sich schon das ganze Jahr über ordnungswidrig. Diese Verfügung wird mit der Anordnung der sofortigen Vollziehung versehen, weil das im öffentlichen Interesse liege. Da der Wetterbericht für die kommenden zwei Wochen nur sonnige Tage und hohe Temperaturen verspricht, legt R sofort gegen den Bescheid Widerspruch ein. Gleichzeitig wendet er sich auch an das Verwaltungsgericht mit der Bitte um eine schnelle Entscheidung. Er habe nichts verbrochen. Außerdem sei er am 13. Juli morgens – was zutrifft – der einzige Benutzer des Nichtschwimmerbeckens gewesen, so dass für niemanden eine Gefahr durch seinen „Sprung" bestanden habe. Wollte man in seinem Verhalten aber ein unerlaubtes Springen vom Beckenrand sehen, so müsse man an sonnigen Tagen das Verhalten vieler anderer Schwimmer ahnden und auch gegen diese Hausverbote aussprechen. Nur ihn zu „bestrafen" sei unfair.

Wie wird das Gericht entscheiden?

Anmerkungen:
1) Nach der Schwimmbad-Hausordnung sind Ordnungsmaßnahmen gegen Benutzer Ermessensentscheidungen. Auch wenn es auf den genauen Wortlaut nicht ankommt: Das saisonale Hausverbot ist die schärfste Ordnungsmaßnahme.
2) Die Stadtverwaltung von S ist zuständige Behörde.
3) § 14 Abs. 2 der Gemeindeordnung (GO) lautet: „Die Einwohner der Gemeinde sind im Rahmen des geltenden Rechts berechtigt, die öffentlichen Einrichtungen der Gemeinde zu benutzen,..."

Lösung

Das Verwaltungsgericht wird dem Antrag des R stattgeben, wenn er zulässig und begründet ist.

I. Zulässigkeit

Der Antrag ist zulässig, wenn alle erforderlichen Sachentscheidungsvoraussetzungen vorliegen.

1. Verwaltungsrechtsweg

Mangels aufdrängender Sonderzuweisung müsste der Verwaltungsrechtsweg nach § 40 I 1 VwGO eröffnet sein. Dazu müsste es sich im vorliegenden Fall um eine öffentlich-rechtliche Streitigkeit nichtverfassungsrechtlicher Art handeln. Eine Streitigkeit ist öffentlich-rechtlich, wenn die streitentscheidenden Normen dem öffentlichen Recht zu entnehmen sind, also einen Hoheitsträger berechtigen oder verpflichten. Streitentscheidene Norm könnte im vorliegenden Fall § 14 II GO i.V.m. der Schwimmbad-Hausordnung sein. Es geht auch bei der Benutzungsuntersagung um den Zugang zum städtischen Schwimmbad, einer öffentlichen Einrichtung, mithin um den Benutzungsanspruch als solchen. Dieser öffentlich-rechtliche Benutzungsanspruch hat zur Folge, dass diesem Anspruch nur durch ein öffentlich-rechtlich ausgestaltetes Benutzungsverbot (Hausverbot) wirksam begegnet werden kann. Nach der **auf öffentliche Einrichtungen anwendbaren Zwei-Stufen-Theorie** ist das im vorliegenden Fall streitige „Ob" der Zulassung nach dem öffentlichen Recht zu beurteilen. Eine öffentlich-rechtliche Streitigkeit liegt vor; doppelte Verfassungsunmittelbarkeit ist ebenfalls nicht gegeben. Abdrängende Sonderzuweisungen sind nicht ersichtlich, so dass der Rechtsweg zum Verwaltungsgericht nach § 40 I 1 VwGO eröffnet ist.

2. Statthafte Antragsart

Da R eine schnelle Entscheidung möchte, verfolgt er sein Begehren im Wege des vorläufigen Rechtsschutzes. Welches Verfahren hier statthaft ist, richtet sich nach seinem Begehren, §§ 122 I, 88 VwGO.

Gemäß § 123 V VwGO ist negativ abzugrenzen, welche Klageart in der Hauptsache statthaft wäre. Im vorliegenden Fall stellt das Hausverbot einen den R belastenden Verwaltungsakt dar, der sich auch noch nicht erledigt hat. **In der Hauptsache wäre also eine Anfechtungsklage** statthaft. Dem entspricht im Verfahren des vorläufigen Rechtsschutz ein Antrag nach § 80 V 1 VwGO. Da die Stadtverwaltung die sofortige Vollziehung des Verwaltungsakts angeordnet hat (§ 80 II 1 Nr. 4 VwGO), muss der Antrag des R auf Wiederherstellung der aufschiebenden Wirkung seines Widerspruchs gegen die Benutzungsuntersagung gerichtet sein, § 80 V 1 Var. 2 VwGO. Der Antrag des R ist statthaft.

3. Antragsbefugnis, § 42 II VwGO analog

Als Adressat des Hausverbots ist R analog § 42 II VwGO antragsbefugt.

4. Beteiligtenfähigkeit / richtiger Antragsgegner

R ist beteiligten- und prozessfähig, §§ 61 Nr. 1, 62 I Nr. 1 VwGO. Die Stadt S ist analog § 78 I Nr. 1 VwGO der richtige Antragsgegner. S ist ebenfalls unter den Voraussetzungen der §§ 61 Nr. 1, 62 III VwGO beteiligten- und prozessfähig.

5. Allgemeines Rechtsschutzbedürfnis

Schließlich müsste R auch noch rechtsschutzbedürftig sein. Dazu müsste er zunächst einmal Widerspruch erhoben haben, der nicht offensichtlich unzulässig ist[11]. Dies ist laut Sachverhalt der Fall. Dieser Widerspruch hat auch keine aufschiebende Wirkung, da S die sofortige Vollziehung gemäß § 80 II 1 Nr. 4 VwGO angeordnet hat. Die Rechtshängigkeit der Hauptsache ist zudem nicht erforderlich, § 80 V 2 VwGO. Schließlich besteht auch ein Bedürfnis nach einer vorläufigen Regelung. Die Behörde gibt durch ihr Verhalten, speziell durch die Verfügung zu erkennen, dass sie das Hausverbot auch vollstrecken wird. Ingesamt besteht daher auch das allgemeine Rechtsschutzbedürfnis.

Ergebnis: Der Antrag des R ist zulässig.

---

[11] Hintergrund: Wenn kein Widerspruch eingelegt wurde, kann auch seine aufschiebende Wirkung nicht wiederhergestellt werden. Wäre der Widerspruch evident unzulässig, z.B. wegen Verfristung, dann kommt ihm auch so schon keine aufschiebende Wirkung zu, sodass diese auch im vorläufigen Rechtsschutz nicht wiederhergestellt werden kann.

II. Begründetheit

Der Antrag auf Wiederherstellung der aufschiebenden Wirkung gemäß § 80 V 1 Var. 2 VwGO ist begründet, soweit die Anordnung der sofortigen Vollziehung der Benutzungsuntersagung formell rechtswidrig ist und/oder nach einer vom Gericht durchzuführenden summarischen Prüfung der Interessen das Suspensivinteresse des Antragstellers (= das Interesse an der Aussetzung des Sofortvollzugs) gegenüber dem Vollzugsinteresse (= das Interesse der Allgemeinheit an der sofortigen Vollziehung des Verwaltungsakts) überwiegt.

1. Formelle Rechtmäßigkeit der Anordnung der sofortigen Vollziehung

Zunächst müsste Anordnung der sofortigen Vollziehung des Hausverbots formell rechtmäßig sein. Die zuständige Behörde hat gehandelt.

a) Fraglich ist aber, ob R vor der Anordnung des Sofortvollzugs hätte **angehört werden müssen** (§ 28 I VwVfG). Geht man davon aus, dass diese Anordnung ein Verwaltungsakt i.S.d. § 35 S. 1 VwVfG ist, hätte R angehört werden müssen.

Dagegen spricht aber, dass es Kennzeichen eines Verwaltungsakts ist, dass er in Bestandskraft erwachsen kann. Gerade daran fehlt es aber bei dieser Anordnung. Schließlich kann sie jederzeit mit einem Antrag nach § 80 V 1 Var. 2 VwGO angegriffen werden. Für eine vorherige Anhörung spricht indes, dass **auch ein solches Verfahren rechtstaatlich** ablaufen muss. Deshalb könnte eine analoge Anwendung des § 28 II VwVfG geboten sein. Dem muss jedoch entgegengehalten werden, dass für eine Analogie kein Raum ist. Die formellen Voraussetzungen für die Anordnung einer sofortigen Vollziehung sind nämlich in § 80 II 1 Nr. 4, III VwGO abschließend geregelt. Daher war eine vorherige Anhörung des R nicht erforderlich.

b) Schließlich müsste auch das Formerfordernis des § 80 III VwGO beachtet worden sein. Hieran sind strenge Anforderungen zu stellen, denn der Gesetzgeber räumt im Fall des § 80 II 1 Nr. 4 VwGO dem **Suspensivinteresse grundsätzlich den Vorrang** ein. Das heißt, es muss ein auf den Einzelfall bezogenes, dringliches besonderes Vollzugsinteresse dargelegt werden. Im vorliegenden Fall ist aber lediglich der Wortlaut des Gesetzes („es liegt im öffentlichen Interesse") wiedergegeben worden. Eine solche Wiederholung des Gesetzeswortlauts genügt ebenso wenig wie formelhafte Begründungen ohne Einzelfallbezug und ein Hinweis auf Rechtmäßigkeit des Verwaltungsakts aus.

Damit war die Anordnung des Sofortvollzugs des Hausverbots nicht formell rechtmäßig.

2. Materielle Rechtmäßigkeit der Anordnung der sofortigen Vollziehung

Die Anordnung der sofortigen Vollziehung der Benutzungsuntersagung ist materiell rechtswidrig, wenn nach einer vom Gericht durchzuführenden summarischen Prüfung der Interessen **das Suspensivinteresse des Antragstellers** (= das Interesse an der Aussetzung des Sofortvollzugs) **gegenüber dem Vollzugsinteresse** (= das Interesse der Allgemeinheit an der sofortigen Vollziehung des Verwaltungsakts) **überwiegt**. Ist der Verwaltungsakt offensichtlich rechtswidrig, überwiegt das Suspensivinteresse: an einem offensichtlich rechtswidrigen Verwaltungsakt kann wegen des Grundsatzes der Gesetzmäßigkeit der Verwaltung kein besonderes Vollzugsinteresse bestehen. Ist der Verwaltungsakt offensichtlich rechtmäßig, überwiegt das Vollzugsinteresse. Zu prüfen ist also die Rechtmäßigkeit der Benutzungsuntersagung.

a) Ermächtigungsgrundlage für das Hausverbot

Die wegen des Gesetzesvorbehalts (Art. 20 III GG) erforderliche Rechtsgrundlage findet sich in der Schwimmbad-Hausordnung, die das Hausrecht regelt, i.V.m. § 14 II GO.

b) Materielle Rechtmäßigkeit des Hausverbots[12]

Das Hausverbot müsste materiell rechtmäßig sein. Dazu müsste R das Schwimmbad, das eine öffentliche Einrichtung der Stadt S ist, nicht im Rahmen der Gesetze, mithin nicht im Rahmen der Widmung, die in der Schwimmbad-Hausordnung zum Ausdruck kommt, benutzt haben. Indem R vom Beckenrand ins Schwimmbecken gesprungen ist, hat er sich ordnungswidrig verhalten. Das Springen vom Beckenrand war dort verboten; man durfte nur über die Treppe ins Wasser. Nur auf diese Weise kann ein Benutzer die gebotene Rücksicht auf andere Nutzer nehmen.

Allerdings ist fraglich, ob die Stadtverwaltung hier **ermessenfehlerfrei** gehandelt hat, indem sie ein Hausverbot für den Rest der Freibadsaison ausgesprochen hat. S hat bei den Vorfällen in der Freibadsaison verkannt, dass kein großes Gefährdungspotential bestanden hat. Am 13.7. war zumindest kein anderer Schwimmer im Nichtschwimmerbecken. Außerdem ist der Ausschluss

---

[12] Weshalb hier zunächst die materielle Rechtmäßigkeit geprüft wird (denn das hat einen Sinn!), erfahren Sie im weiteren Verlauf der Lösung (nächste Fußnote).

für die restliche Saison, die gerade erst begonnen hat, unverhältnismäßig. Schließlich ist das Hausverbot das schärfste Ordnungsmittel. Ein zeitlich begrenztes Benutzungsverbot (etwa 2 Wochen) wäre ein milderes Mittel und damit verhältnismäßig gewesen, hätte es doch als Warnung für den R ausgereicht. Das Hausverbot ist damit ermessensfehlerhaft, mithin materiell rechtswidrig.

c) Formelle Rechtmäßigkeit des Hausverbots

Ferner müsste das Hausverbot auch formell rechtmäßig sein. Die zuständige Behörde hat gehandelt. Fraglich ist wiederum, ob R hätte angehört werden müssen, bevor diese Verfügung ausgesprochen wurde. Da kein Ausnahmefall nach § 28 II, III VwVfG gegeben ist, hatte es einer Anhörung des R nach § 28 I VwVfG bedurft. Ermahnungen von B sind kein gleichwertiger Ersatz, zumal dem R nicht mit dieser Verfügung gedroht worden ist. Er hatte keine Gelegenheit, sich darauf einzustellen. Es liegt daher ein Verfahrensfehler vor.

Fraglich ist, ob dieser Verfahrensfehler nach §§ 45 I Nr. 3, II VwVfG geheilt worden ist, indem R den Widerspruch eingelegt hat. Sinn und Zweck dieser Vorschriften ist, dass eine **Heilung nur dann eintreten soll, wenn die Stellungnahme des Betroffenen nachträglich im Verwaltungsverfahren Berücksichtigung findet.** Dieses kann zwar auch noch während des gerichtlichen Verfahrens stattfinden, nicht aber dadurch, dass ein gerichtliches Aussetzungsverfahren nach § 80 V 1 Var. 2 VwGO durchgeführt wird. Schließlich ist es für die Heilung erforderlich, dass die entscheidungsbefugte Behörde dem R Gehör gewähren muss, nicht aber das Gericht. Daher reicht allein die Einlegung des Widerspruchs nicht aus. Der Verfahrensfehler kann nicht geheilt werden.

Der Verfahrensfehler könnte aber **gemäß § 46 VwVfG unbeachtlich** sein. Dies ist der Fall, wenn er offensichtlich keinen Einfluss auf Entscheidung in der Sache gehabt hat. Dies ist problematisch bei der im vorliegenden Fall gegebenen Ermessensentscheidung. Schließlich lässt sich nicht mit Sicherheit sagen, dass das saisonale Hausverbot auch ergangen wäre, wenn man R angehört hätte[13]. Die Behörde hat hier rechtswidrig gehandelt. Bei Anhörung

---

[13] Man muss den Entscheidungsvorgang rekonstruieren: War der formelle Fehler für die Entscheidung in der Sache kausal? Wäre die Entscheidung auch ohne den Fehler so getroffen worden? Dies lässt sich erst nach einer materiellen Prüfung beurteilen. An dieser Stelle kann man nach oben verweisen!

wäre sie eventuell auf die Rechtswidrigkeit aufmerksam geworden und hätte die Gefahr bannen können. Der Verfahrensfehler ist also beachtlich.

Der R hat einen Anspruch auf Aufhebung der Verfügung. Das Hausverbot ist auch formell rechtswidrig.

Ergebnis:
Aufgrund der Rechtswidrigkeit des Hausverbots besteht auch kein Vollzugsinteresse der Allgemeinheit; das Suspensivinteresse überwiegt. Daher ist die Anordnung der sofortigen Vollziehung auch materiell rechtswidrig.

3. Ergebnis: Der Antrag des R ist begründet. Das Verwaltungsgericht wird dem Antrag stattgeben und die aufschiebende Wirkung des Widerspruchs wiederherstellen.

Sachverhalt

In Essen ist das „Folkwang-Studententheater" beheimatet, in dem die Mitglieder der renommierten Folkwang-Hochschule regelmäßig klassische Inszenierungen aufführen. Die Stadt Essen (E) hat das Theater in den letzten Jahren mit regelmäßig 50.000 Euro gefördert. Dafür war im Haushaltsplan ein Titel vorgesehen. Das Theater stellt auch für das kommende Jahr einen Zuschussantrag. Da die Intendanz jährlich von einem anderen Regiestudenten (S) ausgeübt wird, ruft in diesem Jahr der neue S beim zuständigen Referenten der Stadt E an und erfährt, man solle sich keine Sorgen machen, der Zuschuss bleibe erhalten und im Übrigen werde vom Theaterbeirat darüber in der kommenden Woche abschließend entschieden. Dieser Theaterbeirat, der besetzt ist mit einem Intendanten, zwei Schauspielerinnen, einem Theaterwissenschaftler und einer Kulturexpertin, beschließt, das Theater nicht weiter zu subventionieren. Grund sei zum einen der klassische Aufführungsstil, wo doch beim Publikum die modernen Stücke gefragt seien. Zum anderen habe das letzte Stück eine sehr schlechte Kritik in der Tageszeitung bekommen. Daraufhin wird der Zuschussantrag von der zuständigen Kulturbehörde abschlägig entschieden.

S will sich damit nicht abfinden. Es habe nur ein Stück der letzten Spielzeit eine schlechte Kritik bekommen, die drei anderen Stücke seien, was nachweisbar ist, gut besprochen worden. Diese Zeitungsberichte zog der Theaterbeirat nicht in seine Entscheidung mit ein. Zudem, so S, bestehe ein Bedarf auch an klassischem Theater. Im Übrigen verweist S auf das Telefonat mit dem zuständigen Referenten, der den Erhalt der Zuschüsse versprochen habe.

S muss dringend die Inszenierungen für das kommende Jahr vorbereiten, dafür finanzielle Dispositionen treffen und Künstler engagieren und benötigt eine schnelle Entscheidung. Wie ist die Rechtslage?

§ 55 der Kulturförderverordnung der Stadt Essen:

„Theater können durch Zuschüsse unterstützt werden, wenn ihr Programm förderungswürdig ist. Über die Förderungswürdigkeit entscheidet ein Theaterbeirat, der vom Stadtrat mit unabhängigen Experten besetzt wird."

Hinweis: Die Beteiligten- und Prozessfähigkeit ist zu unterstellen.

Lösung

S begehrt eine schnelle Entscheidung. Dies ist nur im Wege des einstweiligen Rechtsschutzes möglich. Ein Antrag auf einstweiligen Rechtsschutz wird erfolgreich sein, wenn er zulässig und begründet ist.

I. Zulässigkeit

Der Antrag auf einstweiligen Rechtsschutz müsste zulässig sein.

1. Eröffnung des Verwaltungsrechtsweg

Der Verwaltungsrechtsweg müsste eröffnet sein. Es liegt keine Sonderzuweisung vor. Folglich bedarf es einer öffentlich-rechtlichen Streitigkeit. Einschlägig ist § 55 Kulturförderverordnung der Stadt E. Diese Regelung berechtigt einen Hoheitsträger zur Gewährung von Subventionen. Folglich handelt es sich um eine Regelung des öffentlichen Rechts. Damit ist eine öffentlich-rechtliche Streitigkeit gegeben. Der Verwaltungsrechtsweg ist eröffnet.

[Hinweis: In diesem Subventionsfall ist nicht die Zwei-Stufen-Theorie anzuwenden, da es sich um verlorene Zuschüsse handelt. Dort gibt es keine 2.Stufe.]

2. Statthaftigkeit des Antrags

Die Antragsart richtet sich nach dem Antragsbegehren. S möchte schnellstmöglich eine Entscheidung über den Zuschuss herbeiführen. Die Statthaftigkeit eines Eilantrags richtet sich nach § 123 V VwGO. Danach ist die einstweilige Anordnung die statthafte Antragsart, wenn es nicht um die Aussetzung der vorläufigen Vollziehbarkeit eines Verwaltungsaktes nach § 80 V VwGO geht. **Dies wäre im Hauptsacheverfahren mit einer Anfechtungsklage zu erreichen.** Der hier vorliegende Ablehnungsantrag stellt zwar einen belastenden Bescheid dar. Allerdings wäre mit seiner Anfechtung nichts gewonnen, da dann der von S erwünschte Zuschuss weiterhin nicht gewährt würde. Sein Begehren ist folglich darauf gerichtet, einen begünstigenden Bescheid über den Zuschuss zu erhalten. Dieses Begehren ist im Hauptsacheverfahren mit einer Verpflichtungsklage nach § 42 I Var. 2 VwGO durchzusetzen. Folglich liegt ein Fall des §§ 123 V, 80 V VwGO nicht vor, so dass ein Antrag nach § 123 I VwGO statthaft ist.

Es handelt sich hier um das Begehren auf Erweiterung des Rechtskreises um Gewährung der Subvention, mithin auf **Erlass einer Regelungsanordnung** nach § 123 I 2 VwGO.

3. Antragsbefugnis

S ist für das Theater nach § 42 II VwGO analog antragsbefugt, wenn nicht auszuschließen ist, dass ein Anordnungsanspruch vorliegt und ein Anordnungsgrund nicht offensichtlich fehlt.

a) Anordnungsanspruch

Es müsste ein möglicher Anspruch des Folkwang-Studententheaters auf Förderung vorliegen. Ein solcher Anspruch könnte sich aus § 55 der Kulturförderverordnung der Stadt Essen ergeben. Dazu müsste diese Norm auch subjektive Rechte vermitteln. Nach der Schutznormtheorie ist hierfür erforderlich, dass § 55 zumindest auch dem Schutz der Interessen des Antragstellers dient. Die genannte Norm soll Theaterbetreiber in Essen unterstützen. Diese Theaterbetreiber bilden einen individuell abgrenzbaren Adressatenkreis. Ein Anspruch ist zumindest möglich.

b) Anordnungsgrund

Weiterhin müsste ein Anordnungsgrund gegeben sein. Dieser Anordnungsgrund umfasst die Eilbedürftigkeit der Sache und ist gegeben, wenn dem Antragsteller bis zum Abwarten des Hauptsacheverfahrens tatsächlich wesentliche Nachteile drohen und die Entscheidung in der Hauptsache zu spät käme. Hier trägt S Tatsachen vor, aus denen sich die Gefährdung einer Rechtsverwirklichung und der Eintritt wesentlicher Nachteile (keine Inszenierungen im kommenden Jahr) als möglich ergeben. Damit ist der Anordnungsgrund gegeben.

4. Allgemeines Rechtsschutzbedürfnis

Das allgemeine Rechtsschutzbedürfnis fehlt, wenn der Antragsteller auch ohne vorläufigen Rechtsschutz drohende Nachteile abwenden oder seine Rechtsposition sichern könnte. Das Folkwang-Studententheater kann die Inszenierungen des kommenden Jahres nur dann rechtzeitig planen, wenn es jetzt bald eine Entscheidung erhält. Damit ist das allgemeine Rechtsschutzbedürfnis gegeben.

Ergebnis: Folglich ist der Antrag auf Erlass einer Regelungsanordnung nach § 123 I 2 VwGO zulässig.

II. Begründetheit

Der Antrag auf Erlass einer einstweiligen Anordnung ist gemäß § 123 VwGO begründet, wenn nach summarischer Prüfung die überwiegende Wahrscheinlichkeit für das Vorliegen eines Anordnungsanspruchs und eines Anordnungsgrundes glaubhaft gemacht wird und die Hauptsache nicht vorweg genommen wird.

1. Anordnungsanspruch

Ein Anordnungsanspruch liegt vor, wenn S einen Anspruch auf Erteilung des Zuschusses hat. Ein solcher Anspruch könnte sich aus einer Zusicherung nach § 38 I VwVfG, aus § 55 der Kulturförderverordnung der Stadt Essen oder aus Grundrechten ergeben.

a) Anspruch aus § 38 I VwVfG

Ein Anspruch könnte sich zunächst aus einer Zusicherung nach § 38 I VwVfG ergeben. Der zuständige Referent der Stadt Essen hatte S gegenüber erklärt, er brauche sich „keine Sorgen zu machen". Darin könnte eine Zusicherung liegen. Allerdings muss eine Zusicherung immer schriftlich erfolgen, § 38 I 1 VwVfG. Das war hier nicht der Fall. Eine Zusicherung wäre darüber hinaus von der unzuständigen Stelle erklärt worden, da der Theaterbeirat für die Gewährung des Zuschusses verantwortlich ist und nicht der Referent. Folglich scheidet ein Anspruch aus Zusicherung aus.

b) Anspruch aus § 55 der Kulturförderverordnung der Stadt Essen

Weiterhin könnte aber ein Anspruch aus § 55 der Kulturförderverordnung der Stadt Essen gegeben sein.

aa) Verfassungsgemäßheit der Norm

§ 55 der Kulturförderverordnung der Stadt Essen müsste zunächst verfassungsgemäß sein. Problematisch könnte der unbestimmte Begriff der „Förderungswürdigkeit" sein, der willkürliche Entscheidungen zur Folge haben könnte. Allerdings lässt sich der Begriff ausfüllen, indem man ihn von anderen, beispielsweise kommerziellen, Kulturprojekten, abgrenzt. Diese Abgrenzung ist nicht willkürlich, sondern sachlich begründet. Damit ist die Norm verfassungsgemäß.

bb) Tatbestand

Ein Anspruch des Folkwang-Studententheaters wäre nur gegeben, wenn der Tatbestand des § 55 der Kulturförderverordnung der Stadt Essen vorliegt, mithin das Theater förderungswürdig ist. Dies ist ein unbestimmter Rechtsbegriff. Unbestimmte Rechtsbegriffe sind von den Gerichten grundsätzlich voll überprüfbar. Eine Ausnahme gilt unter anderem dann, wenn **Entscheidungen von pluralistisch besetzten Gremien** gefällt werden. Der Theaterbeirat ist durch seine Zusammensetzung mit Intendanten, Schauspielern und Kulturexperten ein solches Gremium. Vom Gesetzgeber ist eine Entscheidung gerade dieses Gremiums in seiner besonderen Zusammensetzung gewollt, was eine umfassende gerichtliche Kontrolle ausschließt. **Der Verwaltung verbleibt hier ein Beurteilungsspielraum**. Kontrolliert werden kann nur, ob ein **Beurteilungsfehler** vorliegt. Ein Beurteilungsfehler besteht, wenn kein vollständig erfasster Sachverhalt der Entscheidung zugrunde gelegt wird. Hier hat der Theaterbeirat nur eine Zeitungskritik beachtet, drei weitere – positive – Berichte wurden nicht herangezogen. Damit wurde der Sachverhalt nicht vollständig erfasst. Es liegt ein Beurteilungsfehler vor. Es ist nicht auszuschließen, dass ohne diesen Fehler eine andere Entscheidung getroffen und der Zuschuss bewilligt worden wäre. Andererseits kann man auch nicht davon ausgehen, dass die Förderungswürdigkeit in jedem Fall anerkannt werden müsste, da das Hauptargument des Beirates die Auswahl der klassischen Stücke ist.

cc) Rechtsfolge
Die Vorschrift des § 55 der Kulturförderverordnung der Stadt Essen eröffnet Ermessen. Das Ermessen ist nach § 114 VwGO nur beschränkt gerichtlich überprüfbar. Es kann aber festgestellt werden, wenn ein Ermessensfehler vorliegt. Eine **unzutreffende Sachverhaltsermittlung** (siehe oben) ist als Ermessensfehlgebrauch **immer auch ein Ermessensfehler**.

Ein Anspruch auf einen Zuschuss des Theaters aus § 55 der Kulturförderverordnung der Stadt Essen kann nicht ausgeschlossen, aber auch vom Gericht nicht bejaht werden. Damit besteht kein Anspruch auf den Zuschuss, sondern lediglich auf Neubescheidung, § 113 V 2 VwGO.

c) Anspruch aus Grundrechten
Zuletzt könnte sich ein Anspruch auf den Zuschuss aus der Kunstfreiheit nach Art. 5 III GG ergeben. Allerdings vermittelt Art. 5 III GG kein Teilhaberecht, sondern lediglich einen objektiven Förderungsauftrag ohne subjektive Rechte und zudem ein Abwehrrecht gegen staatliche Eingriffe in den Werk- und Wirkbereich von Kunst. Damit scheidet ein Anspruch des Folkwang-Studententheaters aus Grundrechten aus.

2. Anordnungsgrund

Der Anordnungsgrund umfasst die Eilbedürftigkeit der Sache und ist gegeben, wenn dem Antragsteller bis zum Abwarten des Hauptsacheverfahrens tatsächlich wesentliche Nachteile drohen und die Entscheidung in der Hauptsache zu spät käme. Der Anordnungsgrund könnte sich daraus ergeben, dass S das kommende Jahr des Theaters planen muss und dafür **finanzielle Dispositionen zu treffen** hat. Er kann ein langwieriges Hauptverfahren nicht abwarten. Seine ansonsten entstehenden Nachteile wiegen schwerer als die Interessen der Allgemeinheit an einer vollständigen Hauptsacheentscheidung. Indem ein späterer Rechtsschutz für das Folkwang-Studententheater mangels vorbereiteter Stücke und engagierten Künstlern wirkungslos bleiben würde, ist ein Anordnungsgrund gegeben.

3. Keine Vorwegnahme der Hauptsache

Die Hauptsache darf im einstweiligen Rechtsschutzverfahren nicht vorweg genommen werden. Dieser Grundsatz wird allerdings durchbrochen, wenn das **Gebot des effektiven Rechtsschutzes (Art. 19 IV GG)** es fordert. Ein solcher Fall liegt vor, wenn wesentliche Nachteile drohen. Hier droht, dass S das gesamte kommende Jahr nicht planen kann. Darin liegt ein wesentlicher Nachteil. Deshalb darf die Hauptsache in diesem Fall vorweg genommen werden.

Ergebnis: S hat einen Anspruch auf Verpflichtung zur Neubescheidung der Entscheidung durch den Theaterbeirat (§ 113 V 2 VwGO). Ein Anspruch auf Gewährung des Zuschusses besteht nicht.

Sachverhalt

S aus Konstanz hat den Wehrdienst verweigert und möchte am liebsten auch nicht zum Zivildienst eingezogen werden. Am 1. Mai erhält er jedoch ein Schreiben, dass er den Ersatzdienst zum 1. Oktober beginnen müsse. Nun trägt S vor, er beabsichtige, ein Unternehmen mit 10 Mitarbeitern zu gründen. Sollte er den Zivildienst ableisten müssen, würden diese Arbeitsplätze nicht entstehen. Gleichzeitig verlangt er die Übersendung einer Kopie seiner Einberufungsakte. Die zuständige Behörde lehnt das mit dem Hinweis ab, die Akte könne vor Ort in Kiel eingesehen werden. Nur gegen die Nichtübersendung der Akte wendet sich S und will zunächst nur deshalb eine schnelle Entscheidung des Gerichts. Was kann er tun?

Hinweise: (1) S wehrt sich vorerst nicht gegen den Einberufungsbescheid. (2) Prüfen Sie gegebenenfalls im Hilfsgutachten weiter! (3) Hamburgisches Transparenzgesetz und Informationsfreiheitsgesetz sind nicht zu prüfen. (4) Der Fall ist nicht veraltet, da die Wehrpflicht nur ausgesetzt ist, nicht abgeschafft wurde.

Lösung

S begehrt eine schnelle Entscheidung. Dies ist nur im Wege des einstweiligen Rechtsschutzes möglich. Ein Antrag auf einstweiligen Rechtsschutz wird erfolgreich sein, wenn er zulässig und begründet ist.

I. Zulässigkeit

Der Antrag auf einstweiligen Rechtsschutz müsste zulässig sein.

1. Verwaltungsrechtsweg

Der Verwaltungsrechtsweg müsste eröffnet sein. Es liegt keine Sonderzuweisung vor. Folglich bedarf es einer öffentlich-rechtlichen Streitigkeit. Einschlägig ist das Zivildienstgesetz. Diese Regelung berechtigt einen Hoheitsträger zur Einberufung von Personen zum Zivildienst und zur Aktenführung darüber. Folglich handelt es sich um eine Regelung des öffentlichen Rechts. Damit ist eine öffentlich-rechtliche Streitigkeit gegeben. Der Verwaltungsrechtsweg ist eröffnet.

2. Statthaftigkeit des Antrags

Die Antragsart richtet sich nach dem Antragsbegehren, §§ 122 I, 88 VwGO. S möchte schnellstmöglich eine Entscheidung über die Zusendung der Akten. Die Statthaftigkeit eines Eilantrags richtet sich nach § 123 V VwGO. Danach ist die einstweilige Anordnung die statthafte Antragsart, wenn es nicht um die Aussetzung der vorläufigen Vollziehbarkeit eines Verwaltungsaktes nach § 80 V VwGO geht. Dies wäre im Hauptsacheverfahren mit einer Anfechtungsklage zu erreichen. Die hier vorliegende Verweigerung, die Akte in Kopie zu übersenden, ist **nicht** unmittelbar auf die Setzung von Rechtsfolgen gerichtet. Sie stellt damit **mangels Regelungsgehalts keinen Verwaltungsakt** dar. Das Begehren des S ist folglich darauf gerichtet, eine Begünstigung in Form der Übersendung der Aktenkopie zu erreichen. Dieses Begehren ist im Hauptsacheverfahren mit einer Allgemeinen Leistungsklage durchzusetzen.

Folglich liegt ein Fall des §§ 123 V, 80 V VwGO nicht vor, so dass ein Antrag nach § 123 I VwGO statthaft ist.

Es handelt sich hier um das Begehren auf Erweiterung des Rechtskreises um Erhalt der Aktenkopie, mithin um eine Regelungsanordnung nach § 123 I 2 VwGO.

3. Antragsbefugnis

S ist antragsbefugt nach § 42 II VwGO analog, wenn nicht auszuschließen ist, dass ein Anordnungsanspruch vorliegt und ein Anordnungsanspruch nicht offensichtlich fehlt.

a) Anordnungsanspruch

Es müsste ein möglicher Anspruch des S auf Übersendung der Aktenkopie vorliegen. Ein solcher Anspruch könnte sich aus § 29 I 1 VwVfG ergeben. Danach hat die Behörde den Beteiligten Einsicht in die das Verfahren betreffenden Akten zu gestatten, soweit deren Kenntnis zur Geltendmachung oder Verteidigung ihrer rechtlichen Interessen erforderlich ist. Diese Norm müsste auch **subjektive Rechte** vermitteln. Nach der Schutznormtheorie ist hierfür erforderlich, dass § 29 I 1 VwVfG zumindest auch dem Schutz der Interessen des Antragstellers dient. Die genannte Norm soll Beteiligte eines Verwaltungsverfahrens unterstützen, diese Beteiligten bilden einen individuell abgrenzbaren Adressatenkreis. Ein Anspruch des S ist deshalb zumindest möglich.

b) Ausnahme des § 44 a VwGO

Ein Anordnungsanspruch könnte jedoch wegen § 44 a S. 1 VwGO ausgeschlossen sein. Danach können Rechtsbehelfe gegen behördliche Verfahrenshandlungen nur gleichzeitig mit den gegen die Sachentscheidung zulässigen Rechtsbehelfen geltend gemacht werden. Hier könnte die Frage der Herausgabe einer Aktenkopie eine **behördliche Verfahrenshandlung** sein. Als Verfahrenshandlungen kommen alle Maßnahmen in Betracht, die eine Behörde in einem Verfahren auf Antrag oder von Amts wegen vornimmt oder vorzunehmen ablehnt, auch konkludentes Verhalten oder bloßes Unterlassen. Hier teilt die Behörde S mit, dass sie eine Übersendung der Aktenkopie im Verfahren der Dienstverweigerung ablehnt. Damit handelt es sich um eine Verfahrenshandlung im Sinne von § 44 a S. 1 VwGO. Das Recht auf Übersendung der Aktenkopie kann also nicht isoliert geltend gemacht werden. Folglich ist ein Anordnungsanspruch wegen § 44 a S. 1 VwGO ausgeschlossen.

Hilfsgutachten für den Fall einer anderen Entscheidung

c) Anordnungsgrund:

Der Anordnungsgrund liegt darin, dass S die Einberufung bald droht.

4. Allgemeines Rechtsschutzbedürfnis

Das allgemeine Rechtsschutzbedürfnis fehlt, wenn der Antragsteller auch ohne vorläufigen Rechtsschutz drohende Nachteile abwenden oder seine Rechtsposition sichern könnte. S kann die Gründung seines Unternehmens mit 10 Arbeitsplätzen nur dann rechtzeitig planen, wenn er jetzt bald eine Entscheidung erhält. Damit ist das allgemeine Rechtsschutzbedürfnis gegeben.

Ergebnis: Der Antrag auf Erlass einer Regelungsanordnung nach § 123 I 2 VwGO ist zulässig.

II. Begründetheit

Der Antrag auf Erlass einer einstweiligen Anordnung ist gemäß § 123 VwGO begründet, wenn nach summarischer Prüfung eine überwiegende Wahrscheinlichkeit für das Vorliegen eines Anordnungsanspruchs und eines Anordnungsgrundes besteht und die Hauptsache nicht vorweg genommen wird.

1. Anordnungsanspruch

Ein Anordnungsanspruch liegt vor, wenn S einen Anspruch auf Zusendung einer Aktenkopie hat. Ein solcher Anspruch könnte sich ergeben aus § 29 I VwVfG. Nach § 29 III 1 VwVfG sind die Akten grundsätzlich in der Behörde, die die Akten führt, einzusehen. Das hat die Behörde in Kiel angeboten. Ausnahmen davon, wozu auch die Übersendung einer Kopie gehört, kann **die Behörde im Einzelfall gemäß § 29 III 2 VwVfG gestatten**. Folglich hat S keinen Anspruch auf Übersendung einer Kopie, sondern nur auf ermessensfehlerfreie Entscheidung. Ermessensfehler sind nicht ersichtlich. Die große Entfernung zwischen S in Konstanz und der Behörde in Kiel ist **keine Besonderheit des hier vorliegenden Einzelfalles, sondern vielmehr bei allen Bundesbehörden gegeben**. Folglich ergibt sich kein Anspruch aus § 29 VwVfG.

[Es kann auch vertreten werden, dass die Entscheidung aufgrund der großen Entfernung einen Ermessensfehler darstellt, da das Verfahren nach § 10 Satz 2 VwVfG „einfach, zweckmäßig und zügig durchzuführen" ist. Dies bezieht sich auf alle Beteiligte, also auch die Adressaten staatlicher Maßnahmen. Eine Nichtübersendung der Akte behindert die einfache und zügige Durchführung des Verfahrens. Es liegt ein Ermessensfehler vor. In diesem Fall liegt ein Anspruch aus § 29 VwVfG vor.]

2. Ergebnis

Der Antrag auf Erlass einer einstweiligen Anordnung ist bereits mangels Anordnungsanspruchs gemäß § 123 VwGO unbegründet.

Ergebnis: S hat keinen Anspruch auf Übersendung der Aktenkopie.

Sachverhalt

H besitzt ein denkmalgeschütztes Bauernhaus am Stadtrand von Bochum. Die Stadt plant dort die Verlegung einer neuen Kanalisation. Dazu wird Unternehmer U beauftragt, der für seine umsichtige Arbeitsweise bekannt ist. U hat Erfahrungen beim Straßenaufriss naher denkmalgeschützter Gebäude und wird bei seiner Arbeit dort von der Stadt Bochum überwacht. Trotzdem wird das Bauernhaus des H durch einen Zufall beschädigt. Daraufhin weist die zuständige Denkmalschutzbehörde den H an, das Gebäude wieder in Stand zu setzen. H legte Widerspruch ein. Im Laufe des Vorverfahrens versichert die Behörde, dass sie alle Kosten der Instandsetzung tragen werde. Daraufhin nimmt H den Widerspruch zurück. Nach Abschluss der Arbeiten präsentiert er der Stadt die Rechnung in Höhe von 50.000 Euro. Davon entfallen 20.000 Euro auf die Reparatur, das Haus nach denkmalschutzrechtlichen Gesichtspunkten zu erhalten. Die Behörde zahlt H nur 30.000 Euro, für den Rest sieht sie sich nicht verpflichtet. Hat H einen Anspruch auf die volle Summe (50.000 Euro)?

Hinweis: Dieser Fall hat keine prozessuale Einkleidung wegen des nach Art. 34 GG einschlägigen ordentlichen Gerichtsweges.

Lösung

I. Amtspflichtverletzung

H könnte einen Anspruch auf Schadensersatz wegen der Beschädigungen an seinem Haus aus Amtspflichtverletzung (Art. 34 GG, § 839 BGB) haben.

1. Jemand in Ausübung eines öffentlichen Amtes

Dazu müsste ein Beamter im haftungsrechtlichen Sinne gehandelt haben. In der Gemeindeverwaltung von Bochum arbeiten nur Beamte in diesem Sinne. Fraglich ist aber, ob U darunter fällt. Als Unternehmer, der im Auftrag der öffentlichen Hand tätig wird, könnte er Verwaltungshelfer sein. Ob U dies ist, richtet sich nach der Werkzeugtheorie. Je stärker der hoheitliche Charakter der Maßnahme und je höher der Einfluss der Behörde auf die Aufgabenerledigung ist, desto eher der Private ein „Werkzeug" der Verwaltung. Hier hatte U genaue und zahlreiche Vorgaben, wie er die Arbeiten vorzunehmen hat. Das Ziel der Arbeit – eine neue Kanalisation – dient der Daseinsvorsorge und ist ein hoheitlicher Art. Damit handelt U als Verwaltungshelfer als „Jemand" in Ausübung eines öffentlichen Amtes.

2. Verletzung der einem Dritten gegenüber obliegenden Amtspflicht
Es müsste eine Amtspflichtverletzung vorliegen. Es besteht eine Pflicht, deliktische Schäden bei anderen zu unterlassen. Diese Pflicht dient dem Schutz des anderen und ist daher drittbezogen. Hier wurde das Haus des H geschädigt. Damit ist eine Amtspflichtverletzung gegeben.

3. Verschulden
Es müsste eine verschuldete Amtspflichtverletzung gegeben sein.
a) Die Gemeinde hat den U wegen seiner umsichtigen Arbeitsweise engagiert und streng überwacht. Damit trifft sie kein Verschulden.
b) Auch U trifft an dem zufälligen Schaden kein Verschulden.
Folglich ist keine verschuldete Amtspflichtverletzung gegeben.

Ergebnis: H hat keinen Anspruch auf Schadensersatz wegen der Beschädigungen an seinem Haus aus Art. 34 GG, § 839 BGB.

II. Enteignender Eingriff
H könnte aber einen Anspruch auf Entschädigung in Höhe von 50.000 Euro aus enteignendem Eingriff nach dem Rechtsgedanken der §§ 74, 75 EinlPrALR haben.

1. Rechtsposition aus Art. 14 GG
Die Bauarbeiten haben sein Haus beschädigt. Dieses fällt unter das von Art. 14 GG geschützte Eigentum.

2. Hoheitlicher und unmittelbarer Eingriff durch eine unvorhergesehene Nebenfolge
Es müsste ein hoheitlicher Eingriff vorliegen. Dies ist bei den Straßenarbeiten der Ortsverwaltung zu bejahen. Die Schäden am Haus beruhen auch unmittelbar auf diesen rechtmäßigen Arbeiten. Es liegt mithin eine unvorhergesehene und atypische Nebenfolge vor.

3. Sonderopfer
H müsste ein Sonderopfer erbracht haben. Ein Sonderopfer liegt vor, wenn der Betroffene im Vergleich zu anderen ungleich behandelt wird, wenn er also eine anderen nicht zugemutete, die allgemeine Opfergrenze überschreitende

besondere Belastung hinnehmen muss. Hier muss H die Beschädigung seines Hauses hinnehmen. Dies trifft nur ihn. Aufgrund der starken Beschädigung und der damit verbundenen hohen finanziellen Belastung ist auch die allgemeine Opfergrenze überschritten. Folglich hat H ein Sonderopfer erbracht.

4. Mitverschulden, § 254 BGB

Fraglich ist, ob H ein Mitverschulden trägt, weil er den Widerspruch zurückgenommen hat. Allerdings erfolgte diese Rücknahme aufgrund des Anratens der Behörde und der Zusicherung, die Kosten zu tragen. H konnte als Laie auf diese Informationen vertrauen. Damit liegt kein Mitverschulden nach § 254 BGB vor.

5. Rechtsfolge: Entschädigung

Als Rechtsfolge erhält H eine Entschädigung für die Beschädigung. Fraglich ist, ob die Entschädigung auch die Kosten für die denkmalschutzrechtlichen Vorgaben umfassen muss. Die Wertminderung (Substanzeinbuße) beträgt 50.000 Euro. Der Entschädigungsanspruch soll gewährleisten, dass der Betroffene einen vollen Ausgleich für diesen herbeigeführten Vermögensverlust erhält und so in die Lage versetzt wird, eine Sache gleicher Art und Güte zu erlangen. Folglich erhält H 50.000 Euro Entschädigung.

Ergebnis: H hat einen Anspruch auf Entschädigung aus enteignendem Eingriff nach dem Rechtsgedanken der §§ 74, 75 EinlPrALR in Höhe von 50.000 Euro.

Sachverhalt

S betreibt ein Sesselkarussell mit dem er auf Jahrmärkten, Volksfesten und Kirmesveranstaltungen auftritt. Sein Traum ist es, einmal auf dem Münchener Oktoberfest, der „Wiesn", als Fahrgeschäftebetreiber dabei zu sein. In den letzten Jahren waren seine Anträge leider nicht erfolgreich.

Der Münchener Stadtrat hat das Oktoberfest als Volksfest mit unterhaltendem Charakter festgesetzt und Richtlinien für die Vergabe von Stellplätzen für die Schausteller erlassen. Vorrangig werden die Plätze an solche Schausteller vergeben, die bereits in den letzten Jahren bei dem Fest dabei waren und damit „bekannt und bewährt" sind. Sollten darüber hinaus noch freie Plätze existieren, werden diese an die restlichen Bewerber verteilt. In den letzten Jahren kam es nie dazu.

Auch dieses Jahr bewirbt sich S wieder um einen Standplatz. Die zuständige Behörde weist seinen Antrag mit der Begründung ab, sie könne gar keine eigene Entscheidung über die Zulassung des S treffen, da die Richtlinien bereits vorgäben, dass vorrangig bekannte und bewährte Schausteller berücksichtigt würden. Außerdem seien Sesselkarussells langweilig und nur für Kinder und alte Menschen interessant. Ferner sei S kein Bayer und würde die typisch bayerische Atmosphäre des Festes verwässern.

Ist der Bescheid rechtmäßig?

Lösung

Der Bescheid ist rechtmäßig, wenn er sich auf eine Ermächtigungsgrundlage stützen lässt und formell und materiell rechtmäßig ist.

I. Ermächtigungsgrundlage

Als Ermächtigungsgrundlage für die Zulassung zum Oktoberfest kommen § 70 GewO sowie die gemeinderechtlichen Vorschriften über den Zugang zu öffentlichen Einrichtungen in Betracht. Bei dem Oktoberfest handelt es sich zwar um eine öffentliche Einrichtung. Das Fest wurde aber vom Münchener Stadtrat gemäß § 69 I Satz 1 GewO ausdrücklich als „Volksfest mit unterhaltendem Charakter" festgesetzt. Nach § 60 b I GewO ist ein Volksfest eine regelmäßig wiederkehrende, zeitlich begrenzte Veranstaltung, auf der eine Vielzahl von Anbietern unterhaltende Tätigkeiten ausübt und Waren feilbietet, die üblicherweise auf Veranstaltungen dieser Art angeboten werden. Diese Charakterisierung trifft auf das Münchener Oktoberfest zu. Wegen der ausdrücklichen Festsetzung als Veranstaltung mit öffentlich-rechtlichem Charakter verdrängen die **spezielleren Vorschriften** der Gewerbeordnung die gemeinderechtlichen Vorschriften über die Benutzung öffentlicher Einrichtungen. Die richtige Ermächtigungsgrundlage ist daher § 70 I, II GewO.

II. Formelle Rechtmäßigkeit

Der Bescheid muss formell rechtmäßig sein. Er wurde von der zuständigen Behörde erlassen. Verfahrens- oder Formfehler sind nicht ersichtlich. Daher war der Verwaltungsakt formell rechtmäßig.

III. Materielle Rechtmäßigkeit

Die Verfügung müsste auch materiell rechtmäßig sein. Dies ist der Fall, wenn die Tatbestandsvoraussetzungen des § 70 I, II GewO vorliegen. Nach § 70 I GewO ist zunächst jedermann berechtigt, an einer festgesetzten Veranstaltung teilzunehmen. Nach § 70 II GewO können Einschränkungen gemacht werden, wenn dies zur Erreichung des Veranstaltungszwecks erforderlich ist, solange es zu keiner sachlich nicht gerechtfertigten Ungleichbehandlung kommt.

1. Bei dem Oktoberfest handelt es sich um eine nach §§ 69 I, 60 b I, II GewO festgesetzte Veranstaltung im Sinne des § 70 I GewO.

2. Grundsätzlich ist S gemäß § 70 I GewO nach Maßgabe der für alle Veranstaltungsteilnehmer geltenden Bestimmungen berechtigt, sein Sesselkarussell auf der „Wiesn" zu betreiben. Er ist nach §§ 60 b I, 55 I Nr. 2 GewO als Schausteller teilnahmeberechtigt.

3. Die Behörde könnte S allerdings die Teilnahme am Oktoberfest in rechtmäßiger Weise versagt haben. Dies ist der Fall, wenn ein **Ausschlussgrund** nach § 70 II oder § 70 III GewO vorliegt. Die Behörde argumentiert damit, dass S kein Bayer sei. Die bayerische Herkunft könnte also ein Kriterium nach § 70 II GewO darstellen. Allerdings hat die Behörde nicht vorgebracht, dass nur Bayern auf der „Wiesn" Stände und Fahrgeschäfte betreiben dürfen. Eine Rechtfertigung nach § 70 II GewO entfällt daher.

4. Es könnte allerdings ein zulässiger Ausschlussgrund im Sinne des § 70 III GewO vorliegen. Aufgrund **erschöpfter Platzkapazität** könnte S wirksam ausgeschlossen werden.

a) Der Ausschluss von Teilnehmern steht im Ermessen der entscheidenden Behörde. Dies ergibt sich aus der Formulierung in § 70 III GewO „kann". Die Behörde hat also abzuwägen, ob S aus sachlich gerechtfertigten Gründen von der Veranstaltung ausgeschlossen werden kann.

Die Behörde könnte ihr **Auswahlermessen fehlerhaft** ausgeübt haben. Im Rahmen ihres Auswahlermessens hat die Verwaltung zu beurteilen, welche der möglichen und zulässigen Maßnahmen in dem konkreten Fall getroffen werden soll. Wenn der Verwaltung ein Ermessen eingeräumt wurde, darf sie ihren Handlungsspielraum nicht willkürlich ausnutzen. Vielmehr ist ihre Entscheidung vom Gericht auf Ermessensfehler hin überprüfbar. Als **mögliche Ermessens-fehler** kommen Ermessensnichtgebrauch, Ermessensüberschreitung und Ermessensfehlgebrauch in Betracht. Bei Ermessensnichtgebrauch glaubt die Behörde, an eine bestimmte Rechtfolge gebunden zu sein und tritt in die Ermessensprüfung nicht ein. Ermessensüberschreitung bedeutet, dass die Behörde eine Entscheidung trifft, die über die gesetzliche Rechtsfolge hinausgeht. Bei Ermessensfehlgebrauch stellt die Verwaltungsbehörde Aspekte nicht in die Ermessenserwägung ein, obwohl sie relevant sind oder verwendet sachfremde Kriterien bei der Ermessensentscheidung.

b) Vorliegend kommt ein **Ermessensnichtgebrauch** in Betracht. Die Behörde argumentiert, sie könne gar keine eigene Entscheidung über die Zulassung des S treffen, da die Richtlinien bereits vorgäben, dass vorrangig bekannte und bewährte Schausteller berücksichtigt würden. Der Behörde ist also nicht bewusst, dass sie eine Entscheidung im Einzelfall zu treffen hat. Daher liegt ein Ermessensnichtgebrauch vor, der die Entscheidung ermessensfehlerhaft werden lässt.

c) Selbst wenn die Behörde eine Ermessensentscheidung getroffen hätte, könnte ein **Ermessensfehlgebrauch** wegen der **zusätzlich vorgetragenen** Argumente vorliegen. Nach Auffassung der Verwaltungsbehörde ist S vom Oktoberfest auszuschließen, da Sesselkarussells langweilig und nur für Kinder und alte Menschen interessant seien. Diese Ansicht beruht nicht auf objektiven Kriterien. Sesselkarussells erfreuen sich bei allen Altersgruppen großer Beliebtheit. Sie sind ein Klassiker unter den Fahrgeschäften. Dass sie „langweilig" seien, ist eine persönliche Einschätzung, die nicht von objektiven Anhaltspunkten gestützt wird. Es liegt damit ein Ermessenfehler vor.

d) Indem die Behörde schreibt, dass S kein Bayer sei und deswegen die typisch bayerische Atmosphäre des Festes verwässere, diskriminiert sie ihn aufgrund seiner Herkunft. Die Behörde hat ferner nicht vorgetragen, dass alle zugelassenen Schausteller Bayern seien. Davon ist aufgrund lebensnaher Sachverhaltsauslegung auch nicht auszugehen. Wie attraktiv ein Fahrgeschäft ist, hängt **nicht von der Herkunft des Schaustellers** ab. Die bayerische Verwaltung hat sich also von sachfremden Erwägungen leiten lassen. Es liegt ein Ermessensfehlgebrauch vor [zur gerichtlichen Überprüfung von Ermessensentscheidungen siehe § 114 VwGO].

e) Auch **das Kriterium „bekannt und bewährt"** könnte ungeeignet sein, um eine Auswahl zu treffen. Das Auswahlkriterium „bekannt und bewährt" ist ein zulässiges und nicht zu beanstandendes Verfahren, das bei der Auswahl zwischen mehreren Bewerbern herangezogen werden kann. Eine strikte und kontinuierliche Anwendung darf aber nicht dazu führen, dass der Kreis der Teilnehmer zementiert wird und Neubewerber überhaupt keine Teilnahmechance haben. Man kann also bekannte und bewährte Schausteller auswählen, sofern auch Neulinge eine Chance haben.

Gerade dies ist bei den Richtlinien allerdings nicht der Fall. Bewährte Schausteller haben durch das Verfahren absoluten Vorrang vor Neulingen. Dadurch wird die **Chancengleichheit nicht gewahrt**. Der Grundsatz der Chancengleichheit ergibt sich aus Art. 3 GG sowie aus der Gewerbefreiheit nach § 1 GewO. Die Verletzung des Prinzips der Chancengleichheit führt dazu, dass ein Ermessensfehlgebrauch vorliegt.

Aufgrund zahlreicher Ermessensfehler ist der Bescheid materiell rechtswidrig.

Ergebnis: Der Bescheid ist rechtswidrig.

Sachverhalt

Ein Jahr vor der Kommunalwahl will der Bürgermeister B der Stadt S den Wählern eine Freude machen. Er schreibt alle Bürger an, die sich in einem Verein oder einer Kirche engagieren und erläutert ihnen, dass sie jeweils 50 Euro geschenkt bekommen. Dieses Geld würde aber nicht bar ausgezahlt. Um den örtlichen Einzelhandel zu stärken, müsse es in der Stadt S ausgegeben werden. Mit dem Kassenbeleg und der Angabe einer Kontoverbindung könne der Betrag bei der Stadtverwaltung beantragt werden. Zwei Wochen später erfährt der Stadtrat von der Aktion. Dieser hält von der Geschenkidee nichts, verweist auf eine fehlende Erwähnung im Haushaltsplan und hätte mit dem Geld lieber ein Jugendzentrum eingerichtet. Mehrheitlich beauftragt er B, das inzwischen ausgezahlte Geld zurückzufordern. B fragt nun bei Ihnen an, ob das möglich ist. Er hat als Musterfall die A ausgewählt, die sich im „Familiensportbund" engagiert und eine Quittung eingereicht hat, nach der sie mit dem Geld Schwimmärmchen für Kinder bei einem Versandhandel gekauft hat. Können die 50 Euro von A zurückverlangt werden?

Lösung

Die 50 Euro könnten möglicherweise **nach § 49 a I 2 VwVfG zurückverlangt** werden, wenn S eine Leistung an A erbracht hat, dessen Rechtsgrund ein Verwaltungsakt war, der mit Wirkung für die Vergangenheit zurückgenommen oder widerrufen wurde.

I. Leistung der S an A

Zunächst müsste eine Leistung vorliegen. Eine Leistung ist die bewusste und zweckgerichtete Mehrung fremden Vermögens. S hat hier ein Geschenk in Höhe von 50 Euro an A aus eigenen Mitteln erbracht. Damit wurde das Vermögen der A bewusst und zweckgerichtet vermehrt. Folglich liegt eine Leistung vor.

II. Rechtsgrund ein Verwaltungsakt

Weiterhin müsste der Zahlung des Geldes ein Verwaltungsakt gemäß § 35 VwVfG als Rechtsgrund zugrunde gelegen haben. Der Verwaltungsakt ist die hoheitliche Maßnahme einer Behörde in einem konkret-individuellen Fall mit Regelungscharakter und unmittelbarer Außenwirkung.

1. Behörde

Zunächst müsste eine Behörde gehandelt haben. Behörde ist nach § 1 IV VwVfG jede Stelle, die öffentliche Aufgaben wahrnimmt. Dazu zählt auch der Bürgermeister als Gemeindeorgan. Folglich hat eine Behörde gehandelt.

2. Hoheitliches Handeln

Die Behörde müsste hoheitlich gehandelt haben. Keine hoheitliche Maßnahme auf dem Gebiet des öffentlichen Rechts läge vor, wenn das Schreiben ein Angebot auf Abschluss eines privatrechtlichen Schenkungsvertrages nach § 516 BGB darstellt, welches durch die Angabe der Kontonummer von A angenommen worden ist. Ein Hoheitsträger hat bei der Leistungsverwaltung **grundsätzlich Wahlfreiheit zwischen privatrechtlichen und hoheitsrechtlichen Handlungsformen.** Möglicherweise kommt hier eine privatrechtliche Handlung des B in Betracht. Dazu müssten aber Hinweise vorliegen, dass B Schenkungsverträge abschließen wollte. Ein Indiz dafür, dass keine Schenkung vorliegt, ist, dass die hierfür erforderliche Form nach § 518 BGB fehlt. Folglich ist zu vermuten, dass B in seiner Funktion als Bürgermeister hoheitlich handeln wollte. Damit liegt hoheitliches Handeln vor.

3. Regelung

Das Schreiben des B müsste eine Regelung beinhalten. Regelung bedeutet, dass Rechtsfolgen **unmittelbar gesetzt** werden. Daran könnte man zweifeln. Die Auszahlung des Geldes erfolgt nur nach Rücksendung der Quittung und der Kontonummer. Das bedeutet, dass die Rechtsfolgen erst dann einsetzen, wenn der Empfänger des Schreibens etwas tut. Es liegt mithin eine aufschiebende Bedingung vor, die als Nebenbestimmung nach § 36 II Nr. 2 VwVfG zulässig ist. Nach Rücksendung der Quittung und der Kontonummer wird das Geld ohne weitere Prüfung ausgezahlt. Folglich beinhaltet das Schreiben eine Regelung.

4. Das Schreiben ist schließlich auch auf **unmittelbare Außenwirkung** gerichtet und regelt einen **Einzelfall**.

Der Zahlung des Geldes hat ein Verwaltungsakt gemäß § 35 VwVfG als Rechtsgrund zugrunde gelegen.

III. Rücknahme dieses Verwaltungsaktes

Der Verwaltungsakt müsste mit Wirkung für die Vergangenheit nach § 48 I VwVfG zurückgenommen worden sein. Eine solche Rücknahme ist hier zwar noch nicht erfolgt, kann aber noch erfolgen, da jedenfalls die Jahresfrist des § 48 IV 1 VwVfG noch nicht verstrichen ist. Es müssten die Voraussetzungen für die Rücknahme des Verwaltungsaktes vorliegen.

1. Rechtswidrigkeit des Verwaltungsaktes

Zunächst müsste die Maßnahme rechtswidrig gewesen sein. Es handelt sich dabei um eine in den Verantwortungsbereich der S fallende Selbstverwaltungsangelegenheit mit dem Ziel der kommunalen Wirtschaftsförderung. Allerdings müssen auch solche Maßnahmen auf einer gesetzlichen Ermächtigung, zumindest auf einer etatmäßigen Bereitstellung im Haushaltsplan, beruhen. Fehlt diese, kann die Gewährung einer Zuwendung durch eine Behörde grundsätzlich nicht in rechtmäßiger Weise erfolgen. Folglich ist der Verwaltungsakt rechtswidrig.

2. Weitere Voraussetzungen für die Rücknahme

Der Verwaltungsakt gewährt A eine einmalige Geldleistung und stellt somit eine begünstigende Regelung dar, dessen Rücknahme sich nach § 48 II 1 VwVfG richtet. Folglich ist eine Rücknahme des Verwaltungsaktes ausgeschlossen, wenn **A auf dessen** Bestand vertraut **hat und ihr Vertrauen** unter Abwägung mit dem öffentlichen Interesse **an einer Rücknahme** schutzwürdig ist. Ob A auf den Bestand vertraut hat, ist im Sachverhalt nicht ausgeführt, kann aber nach aller Lebenserfahrung angenommen werden. Fraglich ist aber, ob dieses Vertrauen schutzwürdig ist. Nach § 48 II 2 VwVfG ist das Vertrauen in der Regel schutzwürdig, wenn der Begünstigte die Leistung verbraucht hat. Dies ist der Fall, wenn der Verbrauch der gewährten Leistung in ursächlichem Zusammenhang mit dem Vertrauen auf den Bestand des Verwaltungsaktes steht. Hier hat A eine Quittung für einen Versandhandel eingereicht. Damit hat sie das Geld nicht im örtlichen Einzelhandel verbraucht. Dieser Fehlverbrauch wird nicht von § 48 II 2 VwVfG geschützt.

Folglich ist die Rücknahme des Verwaltungsakts nach § 48 I 2 VwVfG nicht ausgeschlossen.

IV. Widerruf dieses Verwaltungsaktes

Möglicherweise könnte der Verwaltungsakt alternativ nach § 49 III VwVfG mit Wirkung für die Vergangenheit widerrufen werden.

1. Anwendbarkeit des § 49 III VwVfG

Zunächst müsste § 49 III VwVfG überhaupt anwendbar sein. Bei dem Verwaltungsakt handelt es sich um einen eine Geldleistung bewilligenden, begünstigenden Verwaltungsakt. Diese Geldleistung soll auch nur zweckgebunden eingesetzt werden. Erkennbar dient die Ausschüttung der 50 Euro dem Zweck, den Einzelhandel zu fördern. Es ist allerdings fraglich, ob § 49 III VwVfG anwendbar ist. Bei dem Verwaltungsakt handelt es sich um einen rechtswidrigen Bescheid (siehe oben). Nach dem Wortlaut ist § 49 III VwVfG auf den Widerruf rechtmäßiger Verwaltungsakte beschränkt. Allerdings ist weitgehend anerkannt, dass rechtswidrige Verwaltungsakte erst recht auch nach § 49 III VwVfG mit Wirkung für die Vergangenheit widerrufen werden können, da dort, wo der rechtmäßige Verwaltungsakt widerrufen werden kann, der rechtswidrige Verwaltungsakt keinen Schutz vor Aufhebung verdient. Folglich ist § 49 III VwVfG anwendbar.

2. Weitere Tatbestandsvoraussetzung des § 49 III Var. 1 VwVfG

Nach § 49 III Var. 1 VwVfG dürfte die Leistung nicht für den in dem Verwaltungsakt bestimmten Zweck verwendet worden sein. A hat die 50 Euro nicht im örtlichen Einzelhandel verbraucht, sondern bei einem Versandshop. Folglich wurde der im Verwaltungsakt bestimmte Zweck missachtet. Somit liegt § 49 III Nr.1 VwVfG vor.

Damit lägen auch die Tatbestandsvoraussetzungen für einen Widerruf nach § 49 III Nr. 1 VwVfG vor.

Ergebnis: S kann den Verwaltungsakt mit Wirkung für die Vergangenheit nach § 48 VwVfG zurücknehmen oder nach § 49 III Nr. 1 VwVfG widerrufen. So ist es der Behörde möglich, die 50 Euro nach § 49 a I 2 VwVfG zurückzuverlangen.

Sachverhalt

S ist Sektenbeauftragter der Katholischen Kirche, die eine Körperschaft des öffentlichen Rechts im Sinne von Art. 140 GG i.V.m. Art. 137 V 1 Weimarer Reichsverfassung (WRV) ist. In einer Broschüre über „Destruktive Kulte" warnt S im Namen der Katholischen Kirche vor der Gruppierung „Tus Turis" (T), die einen agnostischen Elitegedanken vertrete. T will sich dagegen wehren und klagt auf Unterlassung vor dem Verwaltungsgericht. Ist dies der richtige Rechtsweg?

Lösung

Es handelt sich beim Verwaltungsrechtsweg um den richtigen Rechtsweg, wenn eine öffentlich-rechtliche Streitigkeit nichtverfassungsrechtlicher Art vorliegt. Dabei ist auf das streitige Rechtsverhältnis abzustellen. Öffentlich-rechtlich ist das Rechtsverhältnis immer, wenn es dem öffentlichen Recht zuzuordnen ist. Fraglich ist hier zunächst, **ob die Äußerung des S eine öffentlich-rechtliche Handlung darstellt**. Die Katholische Kirche ist nicht Teil der Staatsverwaltung. Sie ist zwar Körperschaft des öffentlichen Rechts, kann aber auch in dieser Form privatrechtlich agieren. Eine Äußerung einer Körperschaft des öffentlichen Rechts kann nur dann als öffentlich-rechtlich eingeordnet werden, wenn sie im Rahmen der Erfüllung öffentlicher Aufgaben und gestützt auf vorhandene oder vermeintliche entsprechende öffentlich-rechtliche Befugnisse verfolgt.

Äußerungen einer Körperschaft des Öffentlichen Rechts im Sinne von Art. 140 GG i.V.m. Art. 137 V 1 WRV stellen keine staatliche Meinungsäußerung eines unmittelbar an die Grundrechte gebundenen Trägers hoheitlicher Gewalt dar. Die Katholische Kirche unterscheidet sich grundlegend von den Körperschaften des öffentlichen Rechts im verwaltungs- und staatsorganisationsrechtlichen Verständnis. Sie nimmt **keine Staatsaufgaben** wahr, ist nicht in die Staatsorganisation eingebunden und unterliegt keiner staatlichen Aufsicht. Sie ist in gleichem Umfang grundrechtsfähig wie privatrechtlich organisierte Religionsgesellschaften und steht dem Staat als Teil der Gesellschaft gegenüber. Für öffentliche Äußerungen über andere Religionsgemeinschaften bedarf sie im Gegensatz zu staatlichen Stellen **keiner gesetzlichen Ermächtigungsgrundlage**. Denn die Katholische Kirche übt dabei keine staatliche Gewalt aus, sondern macht von ihrem aus Art. 4 II GG abzuleitenden Äußerungsrecht Gebrauch.

Hieraus folgt jedoch nicht, dass das durch die streitgegenständlichen Äußerungen der Katholischen Kirche begründete Rechtsverhältnis zwischen den Parteien als bürgerlich-rechtlich zu qualifizieren ist, was den Verwaltungsrechtsweg ausschließen würde. Eine derartige Betrachtungsweise würde der besonderen Rechtsstellung der Katholischen Kirche und dem spezifischen Charakter ihres Tätigwerdens nicht ausreichend Rechnung tragen. Durch die **Zuerkennung des Status von Körperschaften des öffentlichen Rechts** im Sinne von Art. 140 GG i.V.m. Art. 137 V 1 WRV hat der Staat den Kirchen eine besondere Rechtsstellung eingeräumt. Er hat sie bewusst aus dem Kreis der Religionsgemeinschaften, deren Wirken er der Privatrechtsordnung unterstellt, hervorgehoben und diesen gegenüber rechtlich abgegrenzt. Er hat damit auch die Rechtsstellung der Katholischen Kirche wie auch deren öffentliches Wirken dem öffentlichen Recht zugeordnet. Er wollte sie nicht dem Kampffeld „liberaler Selbstbehauptung" überlassen, sondern als Teil der öffentlichen Ordnung in dem verfassungsrechtlichen Status der Körperschaft zur Wirkung kommen lassen.

Die hervorgehobene Rechtsstellung der Kirchen und die verfassungsrechtliche Rechtsformgarantie würden ihrer Bedeutung beraubt, wenn nicht dem **Kernbereich kirchlichen Wirkens** zuzurechnende Verhaltensweisen anerkannt und grundsätzlich als öffentlich-rechtlich gewertet würden.

Es handelt sich also bei den Äußerungen des S nicht um staatliche, aber um **öffentliche** Gewalt. Diese Äußerungen sind also öffentlich-rechtlich.

Ergebnis: Für die dagegen gerichtete Unterlassungsklage ist der Verwaltungsrechtsweg nach § 40 I VwGO eröffnet.

Hinweis: Sehr spezieller Fall, der aufgrund der aktuellen Debatten um diese Frage in diesen Band aufgenommen wurde.

Weiter erschienen sind im RICHTER-Verlag:

JURISTISCHE GRUNDKURSE (*Richter Skripten*)

zum Zivilrecht - BGB-AT
- BGB Schuldrecht AT
- BGB Schuldrecht BT-1
- BGB Schuldrecht BT-2
- BGB Sachenrecht 1
- BGB Sachenrecht 2
- Familienrecht
- Erbrecht
- Handelsrecht
- Gesellschaftsrecht
- Erste Zivilrechtshausarbeit
- Zivilprozessrecht 1
- Zivilprozessrecht 2

zum Strafrecht
- Strafrecht AT-1
- Strafrecht AT-2
- Strafrecht AT-3
- Strafrecht BT-1
- Strafrecht BT-2
- Erste Strafrechtshausarbeit
- Erste Strafrechtsklausur
- Strafprozessrecht
- Kriminologie / Jugendstrafrecht

zum öffentlichen Recht
- Staatsrecht 1
- Staatsrecht 2
- Verwaltungsrecht 1
- Verwaltungsrecht 2
- Staatshaftungsrecht
- Erste Hausarbeit im Öff.Recht
- Europarecht

zu anderen Rechtsgebieten
- Arbeitsrecht
- Rechtsphilosophie